> それ、いくら儲かるの？

外資系投資銀行で最初に教わる万能スキル

エクセルで学ぶ
ビジネス・シミュレーション
超基本

1万人以上のビジネスエリートが
こっそり学んだ人気講座

熊野 整 =著
Hitoshi Kumano

ダイヤモンド社

はじめに

「数字に強い人」ってどんな人？

「数字に強いビジネスパーソン」という言葉を聞いて、どのようなイメージをお持ちでしょうか。

　数字の書かれた収益計画の紙を見ただけで、この利益の計算は間違っていると指摘できる上司や、あるいは「こういう比率を出してほしい」と依頼されれば暗算でぱっと数字を出せる若手社員……みなさまの周りにもこのような社員を目にしたことがあるのではないでしょうか。

　しかし、このようなスキルは、あくまで「あらかじめ決められた計算方法について、ミスを見つけられる、早く計算できる」という能力であり、計算技術が発達した現在、必ずしも人が努力して鍛えるべき能力ではなくなってきています。

　では、どんな人が「数字に強い」と言えるのでしょうか？

本書において定義する「数字に強いビジネスパーソン」とは、不確実な将来を定量的にシミュレーションすることで、必要な打ち手の優先順位を考えられるビジネスパーソンです。特に「定量的」がポイントです。下の図表0-1の左図のように「いつか」黒字になる、というよりも、右図のように「3ヵ月後に」黒字になると答えられたほうが、将来イメージを具体的につかむことができます。

図表 0-1 　数字に強い＝シミュレーションできる

シミュレーションができない人	シミュレーションができる人
「社長！ このままだと我が社はいつか赤字になります！　しかし、 （1）新商品による販売数アップ （2）人件費の削減 をはやく実現できれば、今期はかなり利益が出ると思います！」	「社長！ このままだと我が社は7ヵ月後に赤字になります！　しかし、 （1）新商品による販売数10％アップ （2）人件費の15％削減 を3ヵ月間で実現できれば、今期は10億円の黒字の見通しです！」

投資銀行が計算するM&Aの買収金額も、シミュレーションで決まる

　私は大学卒業後、モルガン・スタンレー証券（当時）投資銀行部にて、資金調達やM&A（企業の買収・合併）アドバイザリー業務に関わっていました。ここでは、100億円〜数兆円という規模のM&Aについて、その買収金額の算出を投資銀行が行います。

　ここは少しファイナンスの専門的な話になりますが、買収金額はどのように決まるかというと、予想される将来の収益によって決まります。たとえばA社を買収する場合、A社（買収対象企業）の将来の収益を計算し、その将来収益から計算される現在価値が買収価格となります。将来の収益が大きく成長するほど買収金額は高くなります。

そこで**投資銀行はＡ社（買収対象企業）の将来の収益をシミュレーションします。**その1つがケース分析です。詳しくは後ほど解説しますが、将来の収益を3パターン（悲観ケース、普通ケース、楽観ケース）作成し、買収価格のレンジ（幅）を算出し、そのレンジの中で交渉を繰り返し、最終的なＡ社（買収対象企業）の買収価格を決めていきます。

　本書では、私が投資銀行時代に得たシミュレーション手法の超基本を解説していきます。特に、エクセルを使ってどのように計算するのか、具体的なステップについても説明していますので、ぜひビジネス実践の場で活用していただきたいと思います。

ビジネス・シミュレーションは、実はエクセルで十分

　では、投資銀行が大型M&Aの買収金額をどのように計算しているかというと、何か特別な計算システムを使っているわけではなく、すべてエクセルで計算しています。

　エクセルの素晴らしいところは、なんといっても使い勝手が良いところです。カンタンな足し算から、大量のデータを分析することもできます。**真っ白なキャンバスに絵を描くように、自分のやりたい計算イメージをそのまま反映させることができます。**

　世界中で毎年たくさんのM&Aが行われていますが、全く同じM&Aというものは存在しません。それぞれの案件の場面・状況に合わせて「どの数字を細かくシミュレーションするか」が変わってきます。このような柔軟なシミュレーションを行うためには、使い勝手の良いエクセルが向いています。

　なお、本書ではOffice365（2018年11月時点）を使用しております。

本書は、前著『外資系投資銀行のエクセル仕事術』の続編です

　2015年2月に出版された『外資系投資銀行のエクセル仕事術』では、投資銀行がエクセルを使う上で大事にしている考え方、テクニックについて紹介しました。おかげさまで大手書店で総合ランキング1位を獲得するなどのヒットとなり、現在も多くのビジネスパーソンに読まれています。なかには新卒社会人の必読書としている大企業もあります。

　この書籍『エクセル仕事術』では、エクセルを「見やすく、ミスなく、速く」使うスキルについて詳しく紹介しています。

　一方、本書ではあまり細かいエクセルテクニックについては説明せず、それよりも「エクセルを使って数字に強くなる」ことを目標に、それに必要なスキルを紹介します。普段エクセルを使って仕事をしている人はもちろんですが、あまりエクセルを使っていないが数字で経営を語れるようになりたい管理職の方にもぜひ読んでいただきたいです。

　この書籍を通じて、社内の会話が「数字に強い＝シミュレーションできる」組織になってくれることを願っています。

「それ、いくら儲かるの？」外資系投資銀行で最初に教わる万能スキル
エクセルで学ぶビジネス・シミュレーション超基本
目次

はじめに iii

第1章　収益シミュレーションモデル【基本編】
——まずはわかりやすい設計図をつくろう　　　　　　1

1. まずは収益モデルの設計図＝フィッシュボーンをつくる　　2
2. 設計図ができたら、エクセルで収益モデルをつくろう　　6
3. 収益モデルの計算チェックを忘れずに　　10
4. 収益モデルを使ったシミュレーション
  ——販売数と値段、どちらのインパクトが大きいか　　12
5. ビジネス数字に強くなりたければ……収益モデルで遊ぶ！　　14
  　column　大手流通企業の利益向上ワークショップ　　16

第2章　収益シミュレーションモデル【応用編】
——サクサク分析資料をつくろう　　　　　　17

1. チームで使える分析資料をつくる
  ——瞬間に「数字の答え」を見つけるエクセルテクニック　　18
2. 損益分岐点（ゴールシーク）——どこまで値下げできるかを見つける　　19
3. 感応度分析❶　データテーブル——数字のブレを一目でわかりやすく表現する　　27
4. 感応度分析❷　条件付き書式——数字の変化は「色」で判断する　　35
  　column　大型M&Aで必ず使われる感応度分析　　38
5. 感応度分析❸　データテーブル使用上の注意点　　39
  　column　投資銀行はデータテーブルがキライ？　　41

目次　vii

6	ケース分析❶ 一発でシミュレーション条件を切り替えるスーパープレー	43
	column 事業計画はたいてい「楽観的」	46
7	ケース分析❷ CHOOSE 関数	47
	column ケース名の呼び方はいろいろ	63
8	ケース分析❸ ケース分けする項目を増やす	64
9	ケース分析❹ シートを分ける	66
10	ケース分析❺ ケースを比較する	67
11	循環参照——収益モデルの矛盾と、解決テクニック	75

第3章 収益計画を作成する
—— 過去の実績をもとに、将来のビジネスを予測する技術　81

1	収益計画をどうつくるか	82
2	収益計画の作成ステップ❶ 過去の実績を分解する	85
3	収益計画の作成ステップ❷ 数字の連動をチェックする	87
4	収益計画の作成ステップ❸ 相関分析とは	89
5	収益計画の作成ステップ❹ 相関分析をエクセルで行う	92
6	収益計画の作成ステップ❺ 相関分析の注意点	100
7	収益計画の作成ステップ❻ 将来の計画をつくる	102
8	収益計画の作成ステップ❼ 将来の計画をつくる：調査アンケート＆類似比較	104
	column 値段の決め方は、いろいろ	107
9	収益計画の作成ステップ❽ 将来の計画をつくる：過去と比較	108
10	グラフを出すときは[Alt]キーを使うのが絶対おすすめ	110
11	「木の低いところの果物は採りやすい」という知恵に頼ろう	114
12	ホッケー・スティックに要注意	116

contents

13	収益「予測」を収益「計画」にレベルアップさせるには	117
14	経営戦略にケース分析を活用する	120
15	アンコントローラブルなものはどうする？	121
16	収益計画を完成させる	124
17	収益計画の妥当性をチェックする	128
	column 大手通信企業の収益シミュレーション研修事例	130
18	収益計画の根拠をしっかり書く	131
19	ボトムアップ・アプローチ vs トップダウン・アプローチ	132

第4章 収益計画をプレゼンする
——ビジネス・シミュレーションは正しく伝わるかどうかが大事　135

1	収益計画ができたら、必ず、グラフ＆パワーポイントで「魅せる」こと	136
2	目次をつくる——プレゼン冒頭で全体像を伝える	137
3	収益構成、重要指標、各ケースを説明する	138
4	サマリー（売上、利益）を見せておく	140
5	会員数、広告宣伝費をセットで説明する	142
6	会員あたり売上——他社との比較をグラフで伝える	144
7	売上原価——ボリュームディスカウントが効くか	146
8	固定費——グラフとメッセージの並べ方	148
9	前提条件——プレゼンの最後に記載しておくこと	150
10	補足資料——収益計画の詳細は、エクセル表でまとめる	152

第5章 マーケティング収益シミュレーションモデルをつくる
──ビジネス・シミュレーションのゴールはここ　155

1. 収益計画の問題点＝マーケティング投資対効果が分からない　156
    - column　Amazonの売上・利益はどうなっている？　159
2. マーケティング利益の考え方と計算式　160
3. LTV：ライフタイムバリュー（顧客生涯価値）　162
4. マーケティング投資対効果を計算するには「原価」を含める　170
5. どの企業もライフタイムバリューを公開しない理由　173
6. LTVモデルを使ってマーケティング利益を最大化する　175
7. LTVモデルは、マーケティング手法ごとに作成する　180
8. LTVモデルをつかって収益計画を作成する　182
9. LTVモデルと収益モデルで「頭打ち」タイミングを予測する　192
10. ライフタイムバリューを伸ばす取り組みは様々　194

あとがき　195

第 **1** 章

収益シミュレーションモデル 【基本編】

まずはわかりやすい設計図をつくろう

まずは収益モデルの設計図
=フィッシュボーンをつくる

　さっそく収益シミュレーションのモデル（以下「収益モデル」）を作成してみましょう。例として取り上げるのは、ハンバーガーショップです。

図表1-1　今回のケース：ハンバーガーショップ

A）販売数：　　月1,000個 + さらに毎月10%成長
B）値段：　　　1個1,000円
C）材料費：　　1個300円
D）賃借料：　　月10万円
E）水道光熱費：ゼロ

➡ いきなりエクセルを開いても、何から始めていいかわからない
➡ まずは収益モデルの設計図を作成する

　これを見て、すぐにエクセルで収益モデルを作成できれば理想的ですが、「何から手をつけていいか分からない」と悩む方も多いでしょう。
　そこで、初めに収益モデルの設計図を作成します（**図表1-2**）。これは、売上・費用・利益がどのように生まれているのか、その構成要因を分解する作業です。
　たとえば売上は販売数×成長率の掛け算で決まる、といったことです。この設計図は「フィッシュボーン（魚のホネ）」とも呼ばれます。

　これを作り、青色部分の数字（今月の販売数など）が決まれば、その後は右から左に向かって計算を進めるだけで、売上・費用・利益が求められます。言い換えると、**利益を生み出す要因は青色の数字によって決まるということ**

です。この青色の数字を本書ではバリュードライバーと呼びます。設計図を丁寧に作り、何がバリュードライバーになるかを明確にするのが収益モデルを作成する最初のステップです。

図表 1-2　収益モデルの設計図（フィッシュボーン）

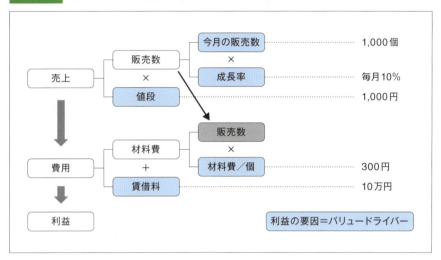

収益モデル設計図（フィッシュボーン）は「ざっくり」作る

収益モデルの設計図を作る際に注意すべきことが2つあります。

1つは、**設計図を細かく作りすぎないことです。** 最初から詳細な設計図を作ってしまうと、その後の作業が増えて、締め切りまでに作業が終わらないといったリスクがあります。そして、膨大な計算があれば、それだけミスも起こしやすくなります。**最初はとにかく「ざっくり」作る。** モデルを細かくするのは、一通り基本的なモデルが完成してからにしましょう。

2つ目は、**できるだけ数字を連動させることです。**「収益計画を作成する」の章でも解説しますが、収益予測シミュレーションの精度を高める上では、「どの数字とどの数字が連動しているか」は非常に重要なポイントです。数字の連動が現実とズレると将来の収益予測に大きな影響を与えます。

数字を連動させるにあたって大切なのは、会計用語でいうところの「変動費」「固定費」という概念を持ち込まないことです。たとえば賃借料は固定費、つまり売上に関係ないと思いがちですが、実態として「売上が増える→社員が増える→賃借料が増える」という可能性があるなら、将来予測を作成する際には売上と賃借料を連動させるべきです。このように「賃借料は固定費だから売上と連動しない」といった思い込みをできるだけ排除し、柔軟な発想で数字を連動させるように心がけましょう。

フィッシュボーンがあれば、チームで利益を語ることができる

　上司があなたに「ウチの利益をアップするアイデアを出してほしい」と言ったとします。そこで、あなたは「営業マンを10名増やしましょう！きっと受注15件アップ×単価500万円＝7,500万円のアップです！」と提案します（**図表1-3**）。しかし、それでは回答になっていないと上司から叱られることでしょう。

　そもそも、営業マンを10名増やせば受注が15件増えるという根拠が明確ではありません。営業マン10名がどれくらい営業アポを取ることができて、受注率はいくらで、さらに単価も500万円から引き上げられる可能性はないかなど、考えるべきポイントはたくさんあります。そして営業マンが増えれば、その分コストもかかります。人件費だけではなく、オフィスの賃料も増えるかもしれません。

　このような場合は、営業マンを10名増やすことによる売上・費用それぞれのインパクトを計算すべく、しっかり構造化します。**図表1-4**における青字（バリュードライバー）を1つずつ上司と議論していけば、より精緻な利益インパクト計算ができることでしょう。

図表 1-3 ✗ この7,500万円は、売上のことであって利益ではない

図表 1-4 ⭕ 利益インパクトを構造的に考える

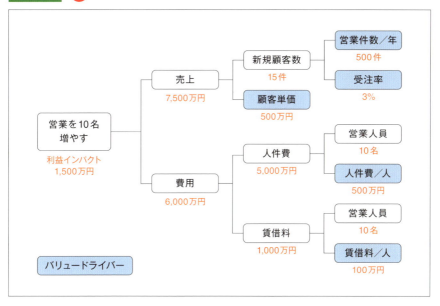

収益シミュレーションモデル【基本編】｜第1章

section 2 設計図ができたら、エクセルで収益モデルをつくろう

　収益モデルの設計図が完成したところでエクセルを立ち上げます。まずはそれぞれの項目名を埋めていきましょう。右の**図表1-6**のように、売上と販売数の列は1列ずらします。これは、「内訳を1列右にずらす」ことで、計算の根拠を分かりやすくするためです。

図表1-5　収益モデルの設計図（フィッシュボーン）

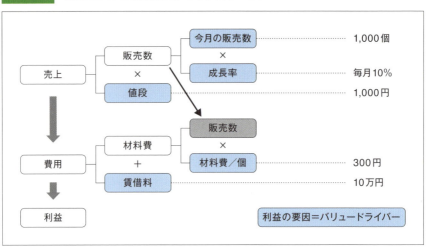

図表 1-6 設計図の内訳に合わせて、エクセルの列も左→右にずらす

	A	B	C	D	E	F	G	H
1								
2		収益計画						
3						今月	来月	再来月
4		売上			円			
5			販売数		個			
6			成長率		%			
7			値段		円			
8		費用			円			
9			材料費		円			
10			1個あたり材料費		円			
11			賃借料		円			
12		利益			円			

　続いて、収益モデルの数字を入力します。先ほど説明したように、収益モデルでは設計図の右側に並んでいる「バリュードライバー（青字）」を入力してから、右→左へと計算を進めていき、最後に売上・費用・利益を計算するという流れになります。また、数字がないところはN/A（Not Applicable）と入力しておきます。

図表 1-7 数字は、まずバリュードライバー（青字）を埋める

	A	B	C	D	E	F	G	H
1								
2		収益計画						
3						今月	来月	再来月
4		売上			円			
5			販売数		個	1,000		
6			成長率		%	N/A	10%	10%
7			値段		円	1,000	1,000	1,000
8		費用			円			
9			材料費		円			
10			1個あたり材料費		円	300	300	300
11			賃借料		円	100,000	100,000	100,000
12		利益			円			

バリュードライバーの数字を入力したら、残りの項目を埋めていきます。これらはすべて計算式になります。

たとえば販売数は「今月の販売数×成長率」で決まりますので、

来月の販売数＝今月の販売数1,000個×（1＋成長率10％）

という式を作ります。

図表 1-8　右→左の列に向かって数字を計算していく（まずは販売数）

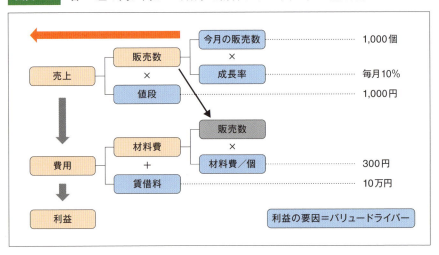

図表 1-9　右→左の列に向かって数字を計算していく（まずは販売数）

	A	B	C	D	E	F	G	H
1								
2		収益計画						
3						今月	来月	再来月
4		売上			円			
5			販売数		個	1,000	=F5*(1+G6)	
6			成長率		％	N/A	10%	10%
7			値段		円	1,000	1,000	1,000
8		費用			円			
9			材料費		円			
10			1個あたり材料費		円	300	300	300
11			賃借料		円	100,000	100,000	100,000
12		利益			円			

他の項目についても、設計図を見ながら次のように式を作って計算します。
① 真ん中の列
　材料費＝販売数×1個あたり材料費
② いちばん左の列
　売上＝販売数×値段
　費用＝材料費＋賃借料
　利益＝売上－費用

図表1-10　収益モデルが完成

	E	F	G	H
		今月	来月	再来月
売上	円	1,000,000	1,100,000	1,210,000
販売数	個	1,000	1,100	1,210
成長率	%	N/A	10%	10%
値段	円	1,000	1,000	1,000
費用	円	400,000	430,000	463,000
材料費	円	300,000	330,000	363,000
1個あたり材料費	円	300	300	300
賃借料	円	100,000	100,000	100,000
利益	円	600,000	670,000	747,000

　上の表では、**バリュードライバー、つまりベタ打ちの数字は青色、**計算式による数字は黒色にしています。こうしておくと、モデルを見たときに「青色はバリュードライバーだから変えられる数字」とすぐに理解できます。将来予測をシミュレーションする際には、青字の数字をカチカチ動かしていけばいいわけですね。
　このようなルールについては、拙著『外資系投資銀行のエクセル仕事術』に細かく記載しています。

収益モデルの計算チェックを忘れずに

　収益モデルができあがったら、しっかりと計算のチェックも行いましょう。これに使うのは次の2つの操作です。

(1) [F2] キー

　今月の売上の計算式を確認するというように、**計算式をチェックしたいときは [F2] キーを押します**（図表1-11）。セルに式が表示され、参照しているセルが色分けされます。確認後は [Esc] キーを押すと元に戻ります。

(2) トレース

　来月の売上を求める式の参照元セルを確認するというように、**計算式がどのセルを参照しているか調べるにはトレース矢印を表示します**。計算式が入っているセルを選んで、[数式] → [参照元のトレース] を選ぶとトレース矢印（青色の矢印）が表示されます。**図表1-12**では「来月の売上（セルG4）」を選択してトレース矢印を出しています。これにより、「来月の売上」を求める式では「販売数（セルG5）」と「値段（セルG7）」のセルを参照していることがわかります。さらに、**図表1-13**では来月の販売数のセルが、どの計算に使われているかを示しています。これは、エクセル上部（リボン）にある [数式] → [参照先のトレース] を選ぶと表示されます。トレースは、多くのセルを参照した計算式をチェックする場合に便利な機能です。矢印は [数式] → [トレース矢印の削除] で消せます。

図表 1-11　[F2] キーで計算式をチェック！

	A	BC	D	E	F	G	H
1							
2		収益計画					
3					今月	来月	再来月
4		売上		円	=F5*F7	1,100,000	1,210,000
5		販売数		個	1,000	1,100	1,210
6		成長率		%	N/A	10%	10%
7		値段		円	1,000	1,000	1,000
8		費用		円	400,000	430,000	463,000
9		材料費		円	300,000	330,000	363,000
10		1個あたり材料費		円	300	300	300
11		賃借料		円	100,000	100,000	100,000
12		利益		円	600,000	670,000	747,000

図表 1-12　参照元のトレース

	A	BC	D	E	F	G	H
1							
2		収益計画					
3					今月	来月	再来月
4		売上		円	1,000,000	1,100,000	1,210,000
5		販売数		個	1,000	1,100	1,210
6		成長率		%	N/A	10%	10%
7		値段		円	1,000	1,000	1,000
8		費用		円	400,000	430,000	463,000
9		材料費		円	300,000	330,000	363,000
10		1個あたり材料費		円	300	300	300
11		賃借料		円	100,000	100,000	100,000
12		利益		円	600,000	670,000	747,000

図表 1-13　参照先のトレース

	A	BC	D	E	F	G	H
1							
2		収益計画					
3					今月	来月	再来月
4		売上		円	1,000,000	1,100,000	1,210,000
5		販売数		個	1,000	1,100	1,210
6		成長率		%	N/A	10%	10%
7		値段		円	1,000	1,000	1,000
8		費用		円	400,000	430,000	463,000
9		材料費		円	300,000	330,000	363,000
10		1個あたり材料費		円	300	300	300
11		賃借料		円	100,000	100,000	100,000
12		利益		円	600,000	670,000	747,000

収益モデルを使った シミュレーション
販売数と値段、どちらのインパクトが大きいか

収益モデルが完成したら、実際にシミュレーションを行います。先ほどのハンバーガーショップを例に、次の課題を考えてみることにします。

図表1-14　ケーススタディ

（1）ハンバーガーショップ
　A）あなたはハンバーガーショップを経営しています
　B）お店は人気を集め、来月の販売数は、今月の10％増になりそう
　C）一方、ハンバーガーの値上げをすることもできます
　D）10％値上げすると、来月の販売数は今月と同じくらいになりそう

（2）課題
　以下のどちらが利益が増えると予想されますか？
　A）値段はそのまま、販売数10％増
　B）値段を10％増、販売数そのまま

「値段×販売数でいえば、課題のA）もB）も同じ結果ではないか」と思う人が多いかもしれません。しかし、そうではありません。

図表1-15、1-16の通り、A）販売数を10％増やす場合の利益は670,000円に対して、B）値段を10％上げた場合の利益は700,000円となり、B）のほうが利益は大きくなります。

この原因は材料費にあります（図表1-15、1-16のセルG9）。A)B)ともに売上は同じ（値段×販売数）ですが、A)は販売数が増える分、材料費が増えるので利益は少なくなります。一方B)は値段を上げても材料費が増えないので利益は大きくなります。

この課題の結論として、**「販売数を10％増やすよりも値段を10％上げたほうが利益インパクトは大きい」**ことが分かります。多く売ればいいわけではないことが明らかになる。これが収益シミュレーションです。

図表1-15 A）販売数が10％増えた場合の来月の利益は670,000円（セルG12）

	A	BC	D	E	F	G	H
1							
2		収益計画					
3					今月	来月	再来月
4		売上		円	1,000,000	1,100,000	1,210,000
5			販売数	個	1,000	1,100	1,210
6			成長率	%	N/A	10%	10%
7			値段	円	1,000	1,000	1,000
8		費用		円	400,000	430,000	463,000
9			材料費	円	300,000	330,000	363,000
10			1個あたり材料費	円	300	300	300
11			賃借料	円	100,000	100,000	100,000
12		利益		円	600,000	670,000	747,000

図表1-16 B）値段が10％上がった場合の来月の利益は700,000円（セルG12）

	A	BC	D	E	F	G	H
1							
2		収益計画					
3					今月	来月	再来月
4		売上		円	1,000,000	1,100,000	1,100,000
5			販売数	個	1,000	1,000	1,100
6			成長率	%	N/A	0%	10%
7			値段	円	1,000	1,100	1,000
8		費用		円	400,000	400,000	430,000
9			材料費	円	300,000	300,000	330,000
10			1個あたり材料費	円	300	300	300
11			賃借料	円	100,000	100,000	100,000
12		利益		円	600,000	700,000	670,000

　これは本当によくある話ですが、販売ノルマを達成するために値下げをした結果、利益が落ちこんでしまった……ということがあります。**チームメンバー1人1人が、チーム全体の利益を上げることを目指すチームでありたいものです。**

ビジネス数字に強くなりたければ……収益モデルで遊ぶ!

　収益モデルが完成すると、それだけで満足してしまう人が多いのですが、これは大きな間違いです。
　収益モデルを作るのと同じくらい時間をかけてすべきことがあります。
「収益モデルで遊ぶ」ことです。
　遊ぶというと誤解を招くかもしれませんが、収益モデルの数字をいじって、いじって、いじりまくる！　これが重要です。
　次ページの2つの表（図表1-17、1-18）を見てください。上の図（図表1-17）は最悪のシナリオの数字です。販売数はマイナス30％、値段も下がり、さらに材料費も上がって利益はずいぶん少なくなりました。
　一方、下の図（図表1-18）は最高のシナリオです。販売数が増えて、値段も引き上げ、さらに材料費まで抑えて来月の利益は1,460,000円と大きな金額になっています。
　このように数字をいじることで、数字のブレ幅を見ることができます。このビジネスの利益はどれくらい変動するかを頭の中にしっかりインプットすることで、次の2つのことがわかります。

■ そのビジネスのリスクを把握できる
■ 利益インパクトの大きいバリュードライバーが分かる

　特に重要なのは■です。大きな収益モデルになると、どのバリュードライバーが利益へインパクトを与えるのか分かりづらくなります。大してインパクトのないバリュードライバーについて議論しても時間のムダ。**数字をいじって遊ぶことで、「ああ、このバリュードライバーは利益インパクトが大きいな」と分かれば、その重要な数字だけチームで議論すれば十分です。**
　このように、収益モデルは作成するだけではなく使ってみると、良いアタマのトレーニングになります。

図表 1-17 ✖ 最悪のシナリオ：販売数ダウン、値段ダウン、材料費アップ

	A	B	C	D	E	F	G	H
1								
2		収益計画						
3						今月	来月	再来月
4		売上			円	1,000,000	490,000	343,000
5			販売数		個	1,000	700	490
6				成長率	%	N/A	-30%	-30%
7			値段		円	1,000	700	700
8		費用			円	400,000	380,000	296,000
9			材料費		円	300,000	280,000	196,000
10				1個あたり材料費	円	300	400	400
11			賃借料		円	100,000	100,000	100,000
12		利益			円	600,000	110,000	47,000

図表 1-18 ⭕ 最高のシナリオ：販売数アップ、値段アップ、材料費ダウン

	A	B	C	D	E	F	G	H
1								
2		収益計画						
3						今月	来月	再来月
4		売上			円	1,000,000	1,800,000	2,160,000
5			販売数		個	1,000	1,200	1,440
6				成長率	%	N/A	20%	20%
7			値段		円	1,000	1,500	1,500
8		費用			円	400,000	340,000	388,000
9			材料費		円	300,000	240,000	288,000
10				1個あたり材料費	円	300	200	200
11			賃借料		円	100,000	100,000	100,000
12		利益			円	600,000	1,460,000	1,772,000

大手流通企業の利益向上ワークショップ

　先日、大手流通企業にて、勉強会を行いました。テーマは「利益向上アイデアを考え、その利益インパクトをシミュレーションする」というものでした。6チームに分かれて、あるチームは新規ビジネスを考え、また、あるチームは全社のコスト削減案を考え、エクセルを使いながらその利益インパクトを計算して最後にみなさんの前で発表します。勉強会は大変盛り上がりました。

　その中で興味深かったのは、利益インパクトが大きい施策と小さい施策を比べると、はっきりとした違いがあったことです。新規ビジネスアイデアの利益インパクトは大きくてもせいぜい1〜5億円程度に対して、全社のコスト削減アイデアは10億円を超える計算結果が出たのです。

　その理由のひとつは、この企業は売上が約2兆円に対して人件費が約1.2兆円かかっていることです。したがって、人件費を少しでも削ることができれば、その利益インパクトは大きなものになるわけです。さらに新規事業を成功させるよりも、経費削減のほうが実現の可能性も高そうです。このように、勉強会という形で会社の財務データをいじってみると、会社にとって重要なバリュードライバー（今回は人件費）が見えてきます。

第2章

収益シミュレーションモデル
【応用編】

サクサク分析資料をつくろう

チームで使える分析資料をつくる
瞬間に「数字の答え」を見つけるエクセルテクニック

　ここからは、収益シミュレーションの応用編です。第1章の最後で、「収益モデルはいじって遊ぶ」という話をしましたが、これだけでは、まだ不十分です。たとえば収益モデルを使いながらチームで将来の収益予測をシミュレーションするとします。その際に、「販売数が10％増えたら利益は？」「材料費がどこまで下がったら利益がゼロになる？」といった議論について、いちいちバリュードライバーをカチカチいじっていると、時間がかかります。これでは議論が効率的とはいえません。

　応用編では、エクセルの機能を使いながら、さらにチームで議論しやすい分析資料の作り方を紹介します。応用編で扱うのは次の3つです。

1 損益分岐点を求める（ゴールシーク機能）
2 感応度分析（データテーブル機能）
3 ケース分析（CHOOSE関数）

　図表 2-1　収益シミュレーション応用

```
（1）いちいち数字をいじるのは、時間がかかる
　A）議論がスピーディに進まない
　B）エクセルの機能を使って、より見やすく、議論しやすい分析資料
```

```
                    ┌─ 損益分岐点 …… ゴールシーク
収益               │
シミュレーション ──┼─ 感応度分析 …… データテーブル
応用               │
                    └─ ケース分析 …… CHOOSE関数
```

損益分岐点(ゴールシーク)
どこまで値下げできるかを見つける

図表 2-2 収益シミュレーション応用

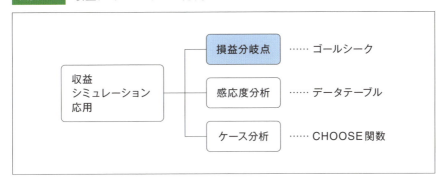

たとえば、上司があなたにこう尋ねたとします。

「うちの製品の販売価格は1,000円だが、競合他社はどんどん値下げをしていて、うちも値下げをしなければいけないかもしれない。ところで、うちの製品はいくらまで値下げをすると利益がトントン(ゼロ)になるのだろうか」

このように利益がゼロになるポイントを損益分岐点と言います。
収益モデルがあれば、このような計算もあっという間、と言いたいところですが、これが意外なことにうまくいきません。

今回は次の図の収益モデルを使います（第1章の収益モデルとは、少し数字を変えています）。

図表2-3 今回の収益モデル

	D	E	F	G	H
2	収益計画				
3			今月	来月	再来月
4	売上	円	1,000,000	1,050,000	1,102,500
5	販売数	個	1,000	1,050	1,103
6	成長率	%	N/A	5%	5%
7	値段	円	1,000	1,000	1,000
8	費用	円	700,000	725,000	751,250
9	材料費	円	500,000	525,000	551,250
10	1個あたり材料費	円	500	500	500
11	賃借料	円	200,000	200,000	200,000
12	利益	円	300,000	325,000	351,250

試しに、来月の値段（セルG7）を1,000円→800円に変えると、来月の利益（セルG12）は115,000円になります。

図表2-4 来月の値段を1,000円→800円に下げる

	D	E	F	G	H
2	収益計画				
3			今月	来月	再来月
4	売上	円	1,000,000	840,000	1,102,500
5	販売数	個	1,000	1,050	1,103
6	成長率	%	N/A	5%	5%
7	値段	円	1,000	**800**	1,000
8	費用	円	700,000	725,000	751,250
9	材料費	円	500,000	525,000	551,250
10	1個あたり材料費	円	500	500	500
11	賃借料	円	200,000	200,000	200,000
12	利益	円	300,000	**115,000**	351,250

利益をゼロにするには、まだ値段を下げられそうです。では思い切って、値段を500円にしてみると、来月の利益はマイナス200,000円と大きく赤字になりました。

図表 2-5　さらに値段を500円に下げる

			今月	来月	再来月
収益計画					
売上		円	1,000,000	525,000	1,102,500
販売数		個	1,000	1,050	1,103
成長率		%	N/A	5%	5%
値段		円	1,000	500	1,000
費用		円	700,000	725,000	751,250
材料費		円	500,000	525,000	551,250
1個あたり材料費		円	500	500	500
賃借料		円	200,000	200,000	200,000
利益		円	300,000	-200,000	351,250

　このように、当てずっぽうに値段を変えても、なかなか利益がちょうどゼロにはなりません。この収益モデルの問題点は、**「バリュードライバーをいじることで利益を変化させることは簡単だが、目標の利益に合わせてバリュードライバーを調整するのは難しい」** ということです。

　損益分岐点を求めたいときは、エクセルの「ゴールシーク」を使います。 ゴールシークは一言でいうと「逆算」です。**利益の目標値を設定し、その目標値に必要な値段を逆算してくれるという便利な機能です。**

　ゴールシークは、［データ］→［What-If分析］→［ゴールシーク］をクリックすると設定画面を出せます（**図表2-6**）。

図表 2-6　［データ］→［What-If 分析］→［ゴールシーク］

	A	B	C	D	E	F	G	H
1								
2		収益計画						
3						今月	来月	再来月
4		売上			円	1,000,000	1,050,000	1,102,500
5			販売数		個	1,000	1,050	1,103
6			成長率		%	N/A	5%	5%
7			値段		円	1,000	1,000	1,000
8		費用			円	700,000	725,000	751,250
9			材料費		円	500,000	525,000	551,250
10			1個あたり材料費		円	500	500	500
11			賃借料		円	200,000	200,000	200,000
12		利益			円	300,000	325,000	351,250

ゴールシークでは、以下の3つを指定します（**図表2-7**）。

(1) 数式入力セル

今回の目標である来月の利益を求める計算式が入力されたセル（セルG12）をクリックします。

(2) 目標値

今回は利益をゼロにするのが目標ですので、「0」と打ちます。

(3) 変化させるセル

今回は、来月の利益をゼロにするために「来月の値段」を変化させるので、そのセル（セルG7）をクリックします。

図表 2-7　数式入力セル、目標値、変化させるセルを入力して OK

	A	B	C	D	E	F	G	H
1								
2		収益計画						
3						今月	来月	再来月
4		売上			円	1,000,000	1,050,000	1,102,500
5			販売数		個	1,000	1,050	1,103
6			成長率		%	N/A	5%	5%
7			値段		円	1,000	1,000	
8		費用			円	700,000	725,000	
9			材料費		円	500,000	525,000	
10			1個あたり材料費		円	500	500	
11			賃借料		円	200,000	200,000	
12		利益			円	300,000	325,000	351,250

ゴールシーク
数式入力セル(E): $G$12
目標値(V): 0
変化させるセル(C): $G$7

　最後に「OK」を押すと、下の図のように来月の値段の数字が690円と変わります。つまり、690円になったところでちょうど利益がトントン（ゼロ）になることがわかります。

図表 2-8　すると、利益がゼロになり、値段が690円に変わる

	A	B	C	D	E	F	G	H
1								
2		収益計画						
3						今月	来月	再来月
4		売上			円	1,000,000	725,000	1,102,500
5			販売数		個	1,000	1,050	1,103
6			成長率		%	N/A	5%	5%
7			値段		円	1,000	690	
8		費用			円	700,000	725,000	
9			材料費		円	500,000	525,000	
10			1個あたり材料費		円	500	500	
11			賃借料		円	200,000	200,000	
12		利益			円	300,000	0	351,250

ゴールシーク
セル G12 の収束値を探索しています。
解答が見つかりました。
目標値: 0
現在値: 0

手作業で値段を変えても、なかなか「690」という答えにたどり着けませんが、ゴールシークを使うことでスムーズに損益分岐点を見つけることができます。

　ゴールシークは、損益分岐点だけではなく、目標利益を調整するような場合にも使えます。たとえば、この収益モデルを見た上司が「来月の利益を325,000円から、なんとか400,000円まで上げたいが……1個あたり材料費をどこまで下げれば達成できるだろうか」と言った場合にもゴールシークで計算します。

図表2-9 来月の利益（セルG12）を325,000円→400,000円まで上げたい

			今月	来月	再来月
収益計画					
売上		円	1,000,000	1,050,000	1,102,500
	販売数	個	1,000	1,050	1,103
	成長率	%	N/A	5%	5%
	値段	円	1,000	1,000	1,000
費用		円	700,000	725,000	751,250
	材料費	円	500,000	525,000	551,250
	1個あたり材料費	円	500	500	500
	賃借料	円	200,000	200,000	200,000
利益		円	300,000	325,000	351,250

　このときにゴールシークで設定するのは、次の3つです（**図表2-10**）。

1 数式入力セル：来月の利益（セルG12）
2 目標値：400,000
3 変化させるセル：来月の1個あたり材料費（セルG10）

図表 2-10 利益（セル G12）の目標値を400,000円にすると…

	A	BC	D	E	F	G	H	I	J
1									
2		収益計画							
3					今月	来月	再来月		
4		売上		円	1,000,000	1,050,000	1,102,500		
5		販売数		個	1,000	1,050	1,103		
6		成長率		%	N/A	5%	5%		
7		値段		円	1,000	1,000			
8		費用		円	700,000	725,000			
9		材料費		円	500,000	525,000			
10		1個あたり材料費		円	500	500			
11		賃借料		円	200,000	200,000			
12		利益		円	300,000	325,000	351,250		

ゴールシーク
数式入力セル(E): $G$12
目標値(V): 400000
変化させるセル(C): $G$10

　この結果、材料費を500円から429円まで抑えることができれば、400,000円の目標利益を達成できることがわかります。

図表 2-11 1個あたりの材料費が429円に変わる

	A	BC	D	E	F	G	H	I	J	K
1										
2		収益計画								
3					今月	来月	再来月			
4		売上		円	1,000,000	1,050,000	1,102,500			
5		販売数		個	1,000	1,050	1,103			
6		成長率		%	N/A	5%	5%			
7		値段		円	1,000	1,000				
8		費用		円	700,000	650,000				
9		材料費		円	500,000	450,000				
10		1個あたり材料費		円	500	429				
11		賃借料		円	200,000	200,000				
12		利益		円	300,000	400,000	351,250			

ゴールシーク
セル G12 の収束値を探索しています。
解答が見つかりました。
目標値: 400000
現在値: 400,000

事業計画を策定していると、「うーん、売上が思ったより少ないので、販売数を増やしてなんとか売上アップできないか」といった調整が必要な場合が多々あります。このような場合にゴールシークは役に立ちます。

　ゴールシークを使うにあたり、1つ注意すべき点があります。**変化させるセル（この場合は来月の1個あたり材料費）は必ずベタ打ちの数字でなければいけないことです。**このセルがほかのセルを参照していたり、計算式になっていると、下図のように**「数値が入力されているセルを指定してください」**というエラーが出ます。

図表 2-12 「変化させるセル」が計算式セル（この場合 G9）になっているとエラー

	A	B	C	D	E	F	G	H
2		収益計画						
3						今月	来月	再来月
4		売上			円	1,000,000	1,050,000	1,102,500
5			販売数		個	1,000	1,050	1,103
6			成長率		%	N/A	5%	5%
7			値段		円	1,000	1,000	
8		費用			円	700,000	725,000	
9			材料費		円	500,000	525,000	
10			1個あたり材料費		円	500	500	
11			賃借料		円	200,000	200,000	
12		利益			円	300,000	325,000	

ゴールシーク
- 数式入力セル(E): G8
- 目標値(V): 0
- 変化させるセル(C): $G$9

Microsoft Excel
⚠ 数値が入力されているセルを指定してください。

section 3

感応度分析❶ データテーブル
数字のブレを一目でわかりやすく表現する

図表2-13　収益シミュレーション応用

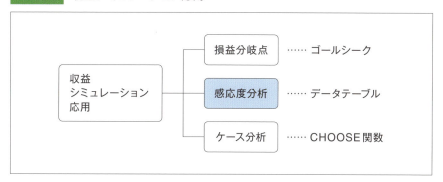

　次は感応度分析です。
　今度は、社長があなたにこう質問しました。

「この収益計画を見ていて気になったのだけど、値段を1,000円から950円に値下げして、その代わり販売数の成長率を10％→15％に上げたら、利益は増えるかな？　それとも減る？」

　これは収益モデルを使えば簡単に計算できます。元の収益計画（次ページの**図表2-14**）の値段と販売数の成長率を変えると、元の収益計画の利益よりも少なくなることがわかりました（**図表2-15**）。

　これを見て、あなたが得意気に「社長！　その場合、利益は減ります！」と答えたら、社長は続けて質問しました。

図表 2-14 当初の収益計画
（ゴールシークで使った収益計画とは、数字が異なります）

	A	BC	D	E	F	G	H
1							
2		収益計画					
3					今月	来月	再来月
4		売上		円	1,000,000	1,100,000	1,210,000
5			販売数	個	1,000	1,100	1,210
6			成長率	%	N/A	10%	10%
7			値段	円	1,000	1,000	1,000
8		費用		円	400,000	430,000	463,000
9			材料費	円	300,000	330,000	363,000
10			1個あたり材料費	円	300	300	300
11			賃借料	円	100,000	100,000	100,000
12		利益		円	600,000	670,000	747,000

図表 2-15 社長の質問を受けて修正した収益計画

	A	BC	D	E	F	G	H
1							
2		収益計画					
3					今月	来月	再来月
4		売上		円	1,000,000	1,092,500	1,256,375
5			販売数	個	1,000	1,150	1,323
6			成長率	%	N/A	15%	15%
7			値段	円	1,000	950	950
8		費用		円	400,000	445,000	496,750
9			材料費	円	300,000	345,000	396,750
10			1個あたり材料費	円	300	300	300
11			賃借料	円	100,000	100,000	100,000
12		利益		円	600,000	647,500	759,625

「そうか、利益は減るのか。では、たとえば、販売数の成長率を15%ではなくて20%にしたらどうだろう？ 待てよ、さすがに20%の成長は難しそうだから、では値段を1,000円のままにして販売数の成長率を15%にするくらいがちょうどいいか……、とりあえず全部、利益を計算してもらえる？」

きっとあなたは胸の内で「この社長、なんて面倒なやつだ！」と思うことでしょう。

あなたの気持ちは分かりますが、社長の言い分も分かります。**値段が上がれば販売数は下がるといった場合、その2つの数字を同時にブラすことで利益を最大化するシミュレーションを行うことがあるからです。**
このように複数のバリュードライバーを組み合わせてシミュレーションするときに、1回ずつ数字を変えていてはスムーズな議論ができません。
こんな場面で有効なシミュレーション手法が「感応度分析」です。具体的には、次の**図表2-16**のように、2つのバリュードライバーを縦軸・横軸に配置して利益をシミュレーションするというものです。

図表2-16 これが感応度分析！

			販売数の成長率		
		0%	5%	10%	15%
値段	900	500,000	530,000	560,000	590,000
	950	550,000	582,500	615,000	647,500
	1,000	600,000	635,000	670,000	705,000
	1,050	650,000	687,500	725,000	762,500
	1,100	700,000	740,000	780,000	820,000

来月の営業利益シミュレーション
円

これを見れば、社長は「ああ、販売数の成長率を10％→15％に上げたとしても、値段を1,000円→950円に下げただけで利益は67万円→64万円と減ってしまうのか。やはり値段は大事だ！」と気づくでしょう。

　感応度分析がどのように役立つか分かったところで、これをエクセルで行ってみましょう。「データテーブル」という機能で計算します。

　今回の感応度分析は次のようにします。

1 値段を縦軸、販売数の成長率を横軸にとる
2 来月の営業利益をシミュレーションする

　まず、**1** 値段を縦軸、販売数の成長率を横軸に記載します。これらの数字はベタ打ちなので青色です。

図表2-17 縦軸に値段、横軸に販売数の成長率

	I	J	K	L	M	N	O
13							
14			来月の営業利益シミュレーション				
15			円				
16					販売数の成長率		
17				0%	5%	10%	15%
18		値段	900				
19			950				
20			1,000				
21			1,050				
22			1,100				

　次に、感応度分析の表（**図表2-18**）の左上の隅（セルK17）を選び、来月の利益（セルG12）を参照します（**図表2-19**）。**これはデータテーブルを使う上でのルールで、データテーブルの左上のセルに、シミュレーションしたい数字（来月の利益）のセルを参照しなければなりません。**

図表 2-18 表の左上のセル K17 を選択して…

	I	J	K	L	M	N	O
13							
14		来月の営業利益シミュレーション					
15		円					
16				販売数の成長率			
17			=G12	0%	5%	10%	15%
18		値段	900				
19			950				
20			1,000				
21			1,050				
22			1,100				

図表 2-19 来月の利益のセルを参照する

	A	B	C	D	E	F	G	H
1								
2				収益計画				
3						今月	来月	再来月
4				売上	円	1,000,000	1,100,000	1,210,000
5				販売数	個	1,000	1,100	1,210
6				成長率	%	N/A	10%	10%
7				値段	円	1,000	1,000	1,000
8				費用	円	400,000	430,000	463,000
9				材料費	円	300,000	330,000	363,000
10				1個あたり材料費	円	300	300	300
11				賃借料	円	100,000	100,000	100,000
12				利益	円	600,000	670,000	747,000

収益シミュレーションモデル【応用編】｜第2章　31

次に、表の数字の範囲を選択し、[データ]→[What-If分析]→[データテーブル]をクリックします。

図表 2-20　表の数字を選択して [データテーブル]

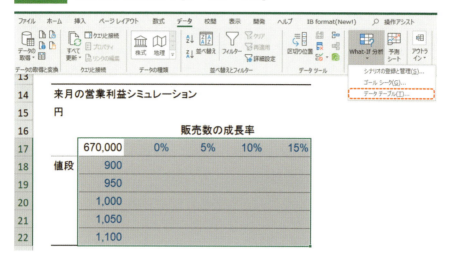

すると、「データテーブル」の画面が出てきます（**図表2-21**）。以下の通り入力します（次ページ**図表2-22**、**2-23**）。

図表 2-21　入力画面

(1) 行の代入セル

行とは「横の並び」のことです。このデータテーブルでは販売数の成長率が行に入っているので、収益計画における来月の販売数の成長率（セルG6）を参照します。

(2) 列の代入セル

列とは「縦の並び」です。このデータテーブルでは値段が列に入っているので、収益計画における来月の値段（セルG7）を参照します。

図表 2-22 行の代入セル＝来月の販売数の成長率、列の代入セル＝来月の値段

	A	B	C	D	E	F	G	H
1								
2		収益計画						
3						今月	来月	再来月
4		売上			円	1,000,000	1,100,000	1,210,000
5			販売数		個	1,000	1,100	1,210
6			成長率		%	N/A	10%	10%
7			値段		円	1,000	1,000	1,000
8		費用			円	400,000	430,000	463,000
9			材料費		円	300,000	33　　000	000
10			1個あたり材料費		円	300		300
11			賃借料		円	100,000	10	000
12		利益			円	600,000	670,000	747,000

（データテーブル ダイアログ：行の代入セル(R): $G$6、列の代入セル(C): $G$7）

これで完成です。一発ですべてのセルの数字が埋まりました。

図表 2-23 感応度分析が完成！

	I	J	K	L	M	N	O
13							
14			来月の営業利益シミュレーション				
15			円				
16					販売数の成長率		
17			670,000	0%	5%	10%	15%
18			値段 900	500,000	530,000	560,000	590,000
19			950	550,000	582,500	615,000	647,500
20			1,000	600,000	635,000	670,000	705,000
21			1,050	650,000	687,500	725,000	762,500
22			1,100	700,000	740,000	780,000	820,000

収益シミュレーションモデル【応用編】｜第2章　33

最後に、表の左上にある670,000という数字を消します。しかし数字そのものを削除すると計算できなくなってしまうので、この場合は**「数字の色を白にする」**ことで、数字を隠します（見えなくします）。

図表 2-24　左上のセル K17 の数字を隠す

	I	J	K	L	M	N	O
13							
14		来月の営業利益シミュレーション					
15		円					
16				販売数の成長率			
17				0%	5%	10%	15%
18		値段	900	500,000	530,000	560,000	590,000
19			950	550,000	582,500	615,000	647,500
20			1,000	600,000	635,000	670,000	705,000
21			1,050	650,000	687,500	725,000	762,500
22			1,100	700,000	740,000	780,000	820,000

　また、数字を見えなくするテクニックは、もう1つあります。
　右クリック→［セルの書式設定］→［表示形式］タブ→［ユーザー定義］の［種類］欄に「;;;」（セミコロンを3つ）入力すると、数字が見えなくなります。

感応度分析❷ 条件付き書式
数字の変化は「色」で判断する

　さらに感応度分析の話を続けます。**たくさんの数字が並んでいる感応度分析を視覚的にわかりやすくするために、セルの色も変えます。**下の図表2-25のように、70万円より大きいセルを青色、60万円より小さいセルをグレーにしました。こうすると、たとえば70万円の利益を実現したいのであれば、

　A案：値段1,000円なら15％の販売数成長率が必要
　B案：値段1,050円なら10％の販売数成長率が必要
　C案：値段1,100円なら5％の販売数成長率が必要

　の3択になることが一目でわかり、「この中ではB案が現実的かな」という意思決定ができるようになります。

図表 2-25　数字の変化は「色」で判断する

	I	J	K	L	M	N	O
13							
14		来月の営業利益シミュレーション					
15		円					
16				販売数の成長率			
17				0%	5%	10%	15%
18		値段	900	500,000	530,000	560,000	590,000
19			950	550,000	582,500	615,000	647,500
20			1,000	600,000	635,000	670,000	705,000
21			1,050	650,000	687,500	725,000	762,500
22			1,100	700,000	740,000	780,000	820,000

収益シミュレーションモデル【応用編】｜第2章　35

このような色分けは、いちいち目で見てセルの色を変更するのではなく、「条件付き書式」を使って行います。**「条件付き書式」は指定した条件に一致したセルの色を自動的に変える機能です。**条件付き書式の使い方は次のとおりです。

　対象とする範囲を選択し、［ホーム］→［条件付き書式］→［セルの強調表示ルール］→［指定の値より大きい］を選択します。

図表 2-26　条件付き書式

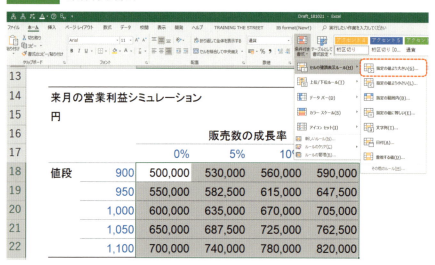

　数字の入力欄に「700,000」と打ち込み、変更したい書式を選択すると、条件に該当するセルの背景色が変わります。「書式」欄で「ユーザー設定の書式」を選び、表示された画面で「塗りつぶし」タブをクリックすると青色やグレーを選べます。

図表 2-27 「700,000」より大きい数字を「青色」と設定

	I	J	K	L	M	N	O
13							
14		来月の営業利益シミュレーション					
15		円					
16					販売数の成長率		
17				0%	5%	10%	15%
18		値段	900	500,000	530,000	560,000	590,000
19			950	550,000	582,500	615,000	647,500
20			1,000	600,000	635,000	670,000	705,000
21			1,050	650,000	687,500	725,000	762,500
22			1,100	700,000	740,000	780,000	820,000
23							
24							
25							

　同様に、60万円をより小さい数字のセルをグレーにします。表の範囲を選択し、［ホーム］→［条件付き書式］→［セルの強調表示ルール］→［指定の値より小さい］を選択し、60万円より小さい場合はグレーと設定すれば完了です。

図表 2-28 「600,000」より小さい数字を「グレー」と設定して、完成！

	I	J	K	L	M	N	O
13							
14		来月の営業利益シミュレーション					
15		円					
16					販売数の成長率		
17				0%	5%	10%	15%
18		値段	900	500,000	530,000	560,000	590,000
19			950	550,000	582,500	615,000	647,500
20			1,000	600,000	635,000	670,000	705,000
21			1,050	650,000	687,500	725,000	762,500
22			1,100	700,000	740,000	780,000	820,000

収益シミュレーションモデル【応用編】｜第2章

大型 M&A で必ず使われる感応度分析

外資系投資銀行では1,000億円を超える M&A 案件に関わることがありますが、クライアント（この場合は買収する側の企業）に対して買収金額を提案する場合には、必ずといっていいほど感応度分析が提案資料に記載されています。

プレゼンでは、いきなり「XYZ社を買収するなら5,000億円です！」とピンポイントで買収金額を提案することはなく、「大体4,500億円〜5,200億円が目安」といった言い方をします。当然ながら買収金額は市況によっても変わるからです。さらに5,000億円とピンポイントで提案したあとに、5,250億円と修正するとクライアントが「なぜ値段が上がっちゃったの？計算ミス？」と不満を抱く可能性もあります。==顧客の期待コントロールという観点からも、数字は常に「幅で説明する」のが大切です。==

これはファイナンス用語になりますが、買収金額は最終的に WACC（加重平均資本コスト）と永久成長率を使うことが多く（DCF法の場合）、以下のような図が、買収金額の計算レポートの最後に載っています。

図表 2-29 WACCと永久成長率で、買収価格を幅で説明する

XYZ社の買収価格
百万円

		永久成長率		
		1%	2%	3%
WACC	3%	4,750	5,250	5,750
	4%	4,500	5,000	5,500
	5%	4,250	4,750	5,250

section 5

感応度分析❸ データテーブル使用上の注意点

感応度分析(データテーブル)をエクセルで行う際は、次の3点に留意してください。

(1) 元データの表とデータテーブルは、同じシートにあること

感応度分析(データテーブル)では、分析の元となるデータが必要です。今回の例ではシート左上にある収益計画の表です。この元データと、感応度分析の表は同じシートになければ計算できません。

図表 2-30 2つの表は同じシートに!

	収益計画		今月	来月	再来月
	売上	円	1,000,000	1,100,000	1,210,000
	販売数	個	1,000	1,100	1,210
	成長率	%	N/A	10%	10%
	値段	円	1,000	1,000	1,000
	費用	円	400,000	430,000	463,000
	材料費	円	300,000	330,000	363,000
	1個あたり材料費	円	300	300	300
	賃借料	円	100,000	100,000	100,000
	利益	円	600,000	670,000	747,000

来月の営業利益シミュレーション
円

		販売数の成長率			
		0%	5%	10%	15%
値段	900	500,000	530,000	560,000	590,000
	950	550,000	582,500	615,000	647,500
	1,000	600,000	635,000	670,000	705,000
	1,050	650,000	687,500	725,000	762,500
	1,100	700,000	740,000	780,000	820,000

(2) うっかり［F2］キーを押して計算式を表示したら、［Esc］キーで戻る

2つ目の注意点は、データテーブルの中の計算式を見ようと［F2］キーを押した場合です。［F2］キーを押すと、次の図のようになります。

図表 2-31　［F2］キーを押すと…

	I	J	K	L	M	N	O
13							
14		来月の営業利益シミュレーション					
15		円					
16					販売数の成長率		
17				0%	5%	10%	15%
18		値段	900	500,000	530,000	560,000	590,000
19			950	=TABLE(G6,G7)		615,000	647,500
20			1,000	600,000	635,000	670,000	705,000
21			1,050	650,000	687,500	725,000	762,500
22			1,100	700,000	740,000	780,000	820,000

「= TABLE（G6, G7）」と表示されますが、これでは計算が正しいかは、分かりません。データテーブルを使うことのリスクは、計算式を見ただけではその計算が正しいかチェックできない点にあります。

それは仕方ないとあきらめ、この式を非表示にして次の作業に移ろうとして［Enter］キーを押すと、「その関数は正しくありません」というエラーメッセージが出てきます。何度［Enter］キーを押しても、この画面が表示されるだけで次に進めなくなります。この場合は［Esc］キーを押すと戻れるので、ぜひ覚えておきましょう。

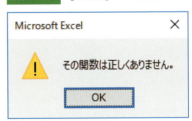

図表 2-32　［Enter］キーでエラー

投資銀行はデータテーブルがキライ？

　少し話がそれますが、前述のとおり、データテーブルには計算式がチェックできないという問題があります。投資銀行時代、そしてその後様々な金融機関で研修を行うようになると、「うちはデータテーブル禁止です」「私はデータテーブルを使わずに、1つずつセルに計算式を打ち込んで計算しています」と話される方に出会います。

　金融というのは数字のプロフェッショナル。だからこそ、1つ1つの計算にミスがないようにしなければなりません。データテーブルは確かにラクな作業ではありますが、計算結果の正確さに自信をもてないなら使わない、という強い信念を持っているわけですね。

図表 2-33　データテーブルを使わずに計算すると、こんなに計算式が複雑になります

(3) データテーブルの計算が重いときは、手動計算に切り替える

　データテーブルを実際に使ってみるとわかりますが、データテーブルを含むエクセルファイルは重い、という問題もあります。特に複数の大きなデータテーブルがあると、エクセルが強制終了してしまうリスクさえあります。

「このエクセル重いな」と感じたら、計算方法を「手動計算にする」に変えましょう。具体的には、エクセル上部の［ファイル］→［オプション］から「Excelのオプション」を開きます（**図表2-34**）。画面の左側の［数式］を選択し、［ブックの計算］で［データテーブル以外自動］を選択します。
　こうすると、データテーブルが自動的に計算されなくなり、エクセルが軽快に動くようになります。

　では、データテーブルを計算したいときはどうするかというと、［F9］キーを押せばOKです。

　［データテーブル以外は自動］という設定は、複雑な財務分析を行う企業や部門でよく使われています。

図表2-34 ブックの計算を［データテーブル以外自動］に

ケース分析❶ 一発でシミュレーション条件を切り替えるスーパープレー

図表 2-35　収益シミュレーション応用

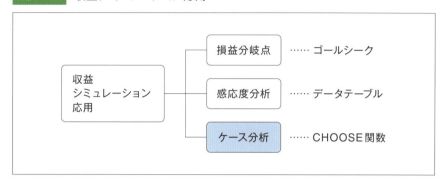

　応用編の最後はケース分析です。これはマーケティング担当や事業計画を策定する方には必ずマスターしていただきたい重要スキルです。

　まず、ケース分析がどのようなものか説明します。広告投資などマーケティング施策を考えたり、事業計画を策定する際には、必ず何パターンかケースを作成します。楽観ケース、普通ケース、悲観ケース、といった具合です。言い方はいろいろあります。楽観ケースはアップサイドケース、アグレッシブケース、ポジティブケースなどと呼ばれることもあります。

M&Aの世界では、ケース分析がよく使われています。たとえばXYZ社を1,000億円で買収する際、その**1,000億円という金額の妥当性について投資銀行は次のように説明します。**

① XYZ社の将来収益を何パターンか作成する（一般的には3パターン）
② 最悪のケース（悲観ケース）の将来収益に基づく企業価値は1,000億円
③ そのため、このXYZ社を1,000億円で買収するのは「金額としては高すぎないので買収する価値は十分」

　また、ケース分析はM&Aに限らず事業会社が収益計画を策定する場合にも多く使われます。

　普通ケースは、わりと現実的な目標です。過去の成長を見ながら、「これくらいの成長は問題なくできるだろう」という数値を設定するのが一般的です。上場企業が公表する業績予想では、たいていこの数字が使われます。

　楽観ケースは、もっとアグレッシブな目標です。社内目標に使われている場合が多く、これをクリアできれば社員ボーナスがたくさん出るといったものです。また、新規ビジネスの収益はなかなか先が読めないので、普通ケースには含めずに楽観ケースの計画だけに含めることもよくあります。

　悲観ケースは、非常に保守的な目標です。社内では「絶対達成ライン」と呼ぶこともあります。これは財務担当者が、売上が下がってもきちんと給与を払えるか、あるいは預金残高がどれだけあれば十分かといった「守備的な」シミュレーションを行う場合に使われます。

　事業計画、将来収益は極めて不確実性が高いものです。楽観ケースと悲観ケースを作成して、将来を「幅でシミュレーション」することで「最善を望み、最悪に備える」ことができます。

図表 2-36　ケース分析とは

(1) 事業計画は、不確実性が高い
(2) だからこそ将来予測は、**「幅」でシミュレーション**することが大切

	悲観ケース	普通ケース	楽観ケース
値段	800円	1,000円	1,200円
材料費（1個）	300円	500円	200円
従業員数	3人	1人	0人
利益	?	?	?

図表 2-37　いくつかのケースを作成し、利益をシミュレーションする

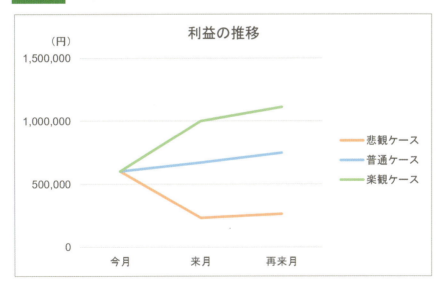

事業計画はたいてい「楽観的」

　私がベンチャー企業経営者向けに事業計画作成セミナーを開催した時のこと。参加していたベンチャーキャピタルの方とお会いした際に、「ベンチャー企業の事業計画（目標）は、実際にどれくらいの確率で達成されるのでしょうか」と聞いたところ、「（達成されることは）ほぼないですね」とはっきりおっしゃいました。つまり、ベンチャー企業がつくる事業計画は、ほとんど達成されない、と言うわけです。

　ベンチャー経営者はもちろん自分のビジネスに夢と自信をもって取り組んでいるので、その夢が事業計画に反映されると、おのずと事業計画はアグレッシブな計画となります。さらに、立ち上がったばかりの新規ビジネスでは、将来どこまでビジネスを大きくできるのかも不透明です。

　アグレッシブな売上目標をつくり、その目標を達成するために人員を増やし、オフィスを借り、広告宣伝を実施したものの、結局、その費用をまかなうだけの売上を実現することができずにビジネスが破綻するといったケースも散見されます。

　事業計画（特に新規ビジネスにおける）では、その不確実性が高ければ高いほど、悲観ケースまできちんと想定してコスト管理や資金調達を行い、資金不足を起こさずに企業を成長できる運営を目指していただきたいですね。

section 7 ケース分析❷ CHOOSE関数

では、次の収益計画（図表2-38）から、(1) 悲観ケース (2) 普通ケース (3) 楽観ケースの3ケースを作成してみましょう。

図表2-38 この収益計画を元に、3ケース作成する

			今月	来月	再来月
収益計画					
売上		円	1,000,000	1,100,000	1,210,000
販売数		個	1,000	1,100	1,210
成長率		%	N/A	10%	10%
値段		円	1,000	1,000	1,000
費用		円	400,000	430,000	463,000
材料費		円	300,000	330,000	363,000
1個あたり材料費		円	300	300	300
賃借料		円	100,000	100,000	100,000
利益		円	600,000	670,000	747,000

このときに、多くの人が思いつくのが、この表を3つコピーし、それぞれの表のバリュードライバーを変えて、収益計画を3ケース策定する方法です（図表2-39）。しかし、**これは絶対にやってはいけません。**

なぜかというと、たとえば表を3つコピーした後に、ある計算式にミスを見つけたとしましょう。もちろん計算ミスを修正する必要があるのですが、表を3つコピーしていると、修正すべき計算ミスも3カ所になります。ここで修正漏れが起きるリスクがあるのです。

つまり**表を3つにコピーすると、計算式の数も3倍に増え、計算ミスを引き起こす可能性が著しく増加します。**では、表を1つにしたままでどうやっ

図表 2-39　やってはいけない「表を 3 つコピー」

	A B C D	E	F	G	H
1					
2	収益計画				
3	悲観ケース				
4			今月	来月	再来月
5	売上	円	1,000,000	770,000	847,000
6	販売数	個	1,000	1,100	1,210
7	成長率	%	N/A	10%	10%
8	値段	円	1,000	700	700
9	費用	円	400,000	650,000	705,000
10	材料費	円	300,000	550,000	605,000
11	1個あたり材料費	円	300	500	500
12	賃借料	円	100,000	100,000	100,000
13	利益	円	600,000	120,000	142,000
14					
15	収益計画				
16	普通ケース				
17			今月	来月	再来月
18	売上	円	1,000,000	1,100,000	1,210,000
19	販売数	個	1,000	1,100	1,210
20	成長率	%	N/A	10%	10%
21	値段	円	1,000	1,000	1,000
22	費用	円	400,000	430,000	463,000
23	材料費	円	300,000	330,000	363,000
24	1個あたり材料費	円	300	300	300
25	賃借料	円	100,000	100,000	100,000
26	利益	円	600,000	670,000	747,000
27					
28	収益計画				
29	楽観ケース				
30			今月	来月	再来月
31	売上	円	1,000,000	1,320,000	1,452,000
32	販売数	個	1,000	1,100	1,210
33	成長率	%	N/A	10%	10%
34	値段	円	1,000	1,200	1,200
35	費用	円	400,000	650,000	705,000
36	材料費	円	300,000	550,000	605,000
37	1個あたり材料費	円	300	500	500
38	賃借料	円	100,000	100,000	100,000
39	利益	円	600,000	670,000	747,000

て3つものケースを作るのか。それをこれから解説します。

　収益モデルは前述のとおり、計算の元となるバリュードライバー（青色のベタ打ち数字）と計算式（黒色の数字）の2つに分かれます。ケースによって数字が分かれるのはバリュードライバーのほうです。

　したがって、**各ケースの計算式を共通化させ、バリュードライバー（前提条件）のみをスイッチによって切り替えることができれば、式をコピーせずに3ケース作成することができます**（図表2-40）。

図表 2-40　収益計画を3ケースつくるには

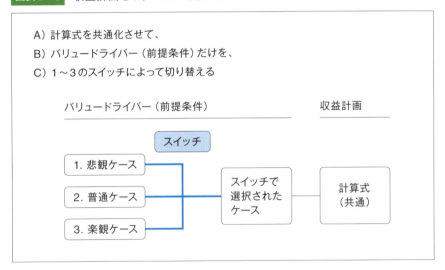

　これだけ聞いても「え？　どういうこと？」と思われるかもしれませんので、実際にどのような計算になるのか、次ページで紹介します。

今回は、バリュードライバーの1つである「値段」を3ケースに分けます。

①セルA1に「1」と書いてあります。これがスイッチです。
②その下の6～8行目にバリュードライバー（前提条件）の1つである「値段」が悲観ケース、普通ケース、楽観ケースに分かれています。
③さらに、その下の9行目に、スイッチ「1」によって指定した「悲観ケース」の値段が表示されています。
④そして、18行目の値段は、③で指定した悲観ケースの値段の数字を参照しています。

図表 2-41　スイッチ（セルA1）＝1にすると、値段が悲観ケースに

	A	B	C	D	E	F	G	H
1	1	悲観ケース						
2								
3		バリュードライバー（前提条件）						
4						今月	来月	再来月
5		値段						
6			悲観ケース		円	1,000	800	800
7			普通ケース		円	1,000	1,000	1,000
8			楽観ケース		円	1,000	1,200	1,200
9			悲観ケース		円	1,000	800	800
10								
11								
12		収益計画						
13		悲観ケース						
14						今月	来月	再来月
15		売上			円	1,000,000	880,000	968,000
16			販売数		個	1,000	1,100	1,210
17			成長率		%	N/A	10%	10%
18			値段		円	1,000	800	800
19		費用			円	400,000	430,000	463,000
20			材料費		円	300,000	330,000	363,000
21			1個あたり材料費		円	300	300	300
22			賃借料		円	100,000	100,000	100,000
23		利益			円	600,000	450,000	505,000

次に、スイッチ（セルA1）を「2」に切り替えます。すると、9行目の値段が「普通ケース」に切り替わります。それに合わせて18行目の収益計画の値段も、普通ケースの1,000円に切り替わりました。

図表 2-42 スイッチ（セルA1）＝2にすると、値段が普通ケースに切り替わる！

	A	B	C	D	E	F	G	H
1	2	普通ケース						
2								
3			バリュードライバー（前提条件）					
4						今月	来月	再来月
5			値段					
6				悲観ケース	円	1,000	800	800
7				普通ケース	円	1,000	1,000	1,000
8				楽観ケース	円	1,000	1,200	1,200
9				普通ケース	円	1,000	1,000	1,000
10								
11								
12			収益計画					
13			普通ケース					
14						今月	来月	再来月
15			売上		円	1,000,000	1,100,000	1,210,000
16				販売数	個	1,000	1,100	1,210
17				成長率	%	N/A	10%	10%
18				値段	円	1,000	1,000	1,000
19			費用		円	400,000	430,000	463,000
20				材料費	円	300,000	330,000	363,000
21				1個あたり材料費	円	300	300	300
22				賃借料	円	100,000	100,000	100,000
23			利益		円	600,000	670,000	747,000

さらに、スイッチ（セルA1）を「3」に切り替えます。すると、9行目が楽観ケースの値段に変わり、18行目も楽観ケースの値段に切り替わります。
　このように、スイッチを切り替えるだけでバリュードライバーの値段が切り替わり、そして収益計画の値段も切り替わる仕組みをつくれば、収益計画の表は1つで済みますし、計算式をコピーする必要もありません。これがケース分析の最大のメリットです。

図表 2-43　スイッチ（セルA1）＝3にすると、値段が楽観ケースに切り替わる！

	A	B	C	D	E	F	G	H
1	3		楽観ケース					
2								
3			バリュードライバー（前提条件）					
4						今月	来月	再来月
5			値段					
6			悲観ケース		円	1,000	800	800
7			普通ケース		円	1,000	1,000	1,000
8			楽観ケース		円	1,000	1,200	1,200
9			楽観ケース		円	1,000	1,200	1,200
10								
11								
12			収益計画					
13			楽観ケース					
14						今月	来月	再来月
15			売上		円	1,000,000	1,320,000	1,452,000
16			販売数		個	1,000	1,100	1,210
17			成長率		%	N/A	10%	10%
18			値段		円	1,000	1,200	1,200
19			費用		円	400,000	430,000	463,000
20			材料費		円	300,000	330,000	363,000
21			1個あたり材料費		円	300	300	300
22			賃借料		円	100,000	100,000	100,000
23			利益		円	600,000	890,000	989,000

では、このケース分析の作成ステップを解説します。

下の**図表2-44**が完成前の収益モデルです。各ケースの値段（6行目〜8行目）の数字はすでに入力してありますが、スイッチ（セルA1）と9行目の値段は空欄になっています。

図表 2-44 これからスイッチ（セルA1）と値段（9行目）を入力、計算します

	A	BC	D	E	F	G	H
1							
2							
3			バリュードライバー（前提条件）				
4					今月	来月	再来月
5			値段				
6			悲観ケース	円	1,000	800	800
7			普通ケース	円	1,000	1,000	1,000
8			楽観ケース	円	1,000	1,200	1,200
9							
10							
11							
12			収益計画				
13							
14					今月	来月	再来月
15			売上	円	1,000,000	1,100,000	1,210,000
16			販売数	個	1,000	1,100	1,210
17			成長率	%	N/A	10%	10%
18			値段	円	1,000	1,000	1,000
19			費用	円	400,000	430,000	463,000
20			材料費	円	300,000	330,000	363,000
21			1個あたり材料費	円	300	300	300
22			賃借料	円	100,000	100,000	100,000
23			利益	円	600,000	670,000	747,000

ステップ（1）：スイッチを入力する

まずはスイッチを作ります（図表2-45）。**次ページの図表2-46のセルA1に「1」と入力します。これがスイッチです。**

A1をスイッチにする理由は2つあります。

① ワークシートの一番目立つセルであるA1（左上端）にスイッチを置くと、いまどのケースが選択されているのかパッと見てすぐに分かる。

② ［Ctrl］＋［Home］キーを押すと、一発でセルA1に移動できます。シミュレーションするとスイッチを切り替えることが多いので、このショートカットキーは便利です。

図表 2-45　ケース分析

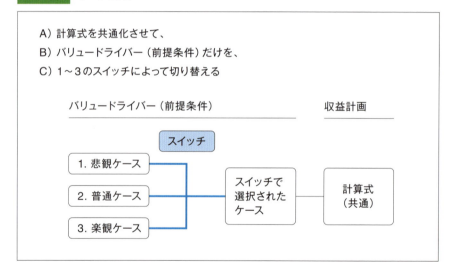

図表 2-46　スイッチ＝セル A1 に「1」と入力する

	A	B	C	D	E	F	G	H
1	1							
2								
3		バリュードライバー（前提条件）						
4						今月	来月	再来月
5		値段						
6		悲観ケース			円	1,000	800	800
7		普通ケース			円	1,000	1,000	1,000
8		楽観ケース			円	1,000	1,200	1,200
9								

ステップ（2）：スイッチで選択されたケースを計算する

次に、スイッチで選択されたケースを表示する式を作ります。

図表 2-47　ケース分析

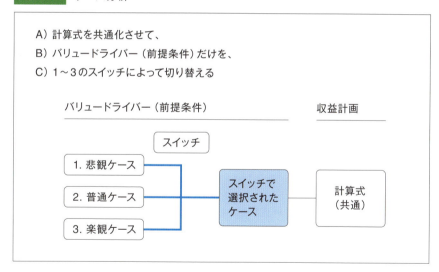

A）計算式を共通化させて、
B）バリュードライバー（前提条件）だけを、
C）1～3のスイッチによって切り替える

収益シミュレーションモデル【応用編】｜第2章

図表2-48のセルC9に計算式を入力します。今回、本書で唯一出てくる関数です。

　= CHOOSE（A1, C6, C7, C8）

となります。**つまり、言い換えると：**

= CHOOSE（スイッチ, 悲観ケース, 普通ケース, 楽観ケース）

になります。

CHOOSE関数の意味は次のとおりです。

　= CHOOSE（スイッチ, 値1, 値2, ...）

　まず、スイッチは数字である必要があります。スイッチが「1」なら「値1」が表示されます。スイッチが「2」なら「値2」が表示されます。

　つまりセルC9に入力したCHOOSE関数では、

1 図表2-49：スイッチを「1」→セルC6の「悲観ケース」の文字が表示
2 図表2-50：スイッチを「2」→セルC7の「普通ケース」の文字が表示
3 図表2-51：スイッチを「3」→セルC8の「楽観ケース」の文字が表示

図表 2-48 CHOOSE（スイッチ, 悲観ケース, 普通ケース, 楽観ケース）

	A	B	C	D	E	F	G	H
1	1							
2								
3			バリュードライバー（前提条件）					
4						今月	来月	再来月
5			値段					
6			悲観ケース		円	1,000	800	800
7			普通ケース		円	1,000	1,000	1,000
8			楽観ケース		円	1,000	1,200	1,200
9			=CHOOSE($A$1,C6,C7,C8)					

図表 2-49　スイッチ（セル A1）＝1なので悲観ケースと表示される

	A	B	C	D	E	F	G	H
1	1							
2								
3		バリュードライバー（前提条件）						
4						今月	来月	再来月
5		値段						
6		悲観ケース			円	1,000	800	800
7		普通ケース			円	1,000	1,000	1,000
8		楽観ケース			円	1,000	1,200	1,200
9		悲観ケース						

図表 2-50　スイッチ（セル A1）＝2にすると、普通ケースと表示される

	A	B	C	D	E	F	G	H
1	2							
2								
3		バリュードライバー（前提条件）						
4						今月	来月	再来月
5		値段						
6		悲観ケース			円	1,000	800	800
7		普通ケース			円	1,000	1,000	1,000
8		楽観ケース			円	1,000	1,200	1,200
9		普通ケース						

図表 2-51　スイッチ（セル A1）＝3にすると、楽観ケースと表示される

	A	B	C	D	E	F	G	H
1	3							
2								
3		バリュードライバー（前提条件）						
4						今月	来月	再来月
5		値段						
6		悲観ケース			円	1,000	800	800
7		普通ケース			円	1,000	1,000	1,000
8		楽観ケース			円	1,000	1,200	1,200
9		楽観ケース						

CHOOSE関数の式ができたら、その式のセルをコピーして今月〜再来月のセル（F9〜H9）に貼り付けます（**図表2-52**）。

なおコピーする前に、計算式を次のように修正して、インデックスが絶対参照になるようにします。

修正前
 = CHOOSE（A1, C6, C7, C8）
修正後
 = CHOOSE（**$A$1**, C6, C7, C8）

修正後のA1のセル番号に＄マークがついています。これが絶対参照です。「＄」がついた行や列はコピーしても参照先が固定されます。**図表2-53**を見ると、CHOOSE関数の式の中のA1セルを絶対参照にしたので、式をコピーしても、スイッチ（A1）を参照しています。

絶対参照にするには、セル番号をクリックして［F4］キーを押します。「＄」を手入力してもかまいません。

図表 2-52 CHOOSE 関数の式をコピーする

	A	B	C	D	E	F	G	H
1	3							
2								
3			バリュードライバー（前提条件）					
4						今月	来月	再来月
5			値段					
6			悲観ケース		円	1,000	800	800
7			普通ケース		円	1,000	1,000	1,000
8			楽観ケース		円	1,000	1,200	1,200
9			楽観ケース		円			

コピーして貼り付ける

図表 2-53　セル A1 を絶対参照にすると、コピペしても参照がズレない

	今月	来月	再来月
バリュードライバー（前提条件）			
値段			
悲観ケース　円	1,000	800	800
普通ケース　円	1,000	1,000	1,000
楽観ケース　円	1,000	1,200	1,200
楽観ケース　円	1,000	1,200	1,200

A1セル: 3

ステップ（3）：スイッチで選択されたケースを収益計画に反映する

それでは最後に、スイッチで選択されたケースのバリュードライバーを、収益計画に反映させましょう。

図表 2-54　ケース分析

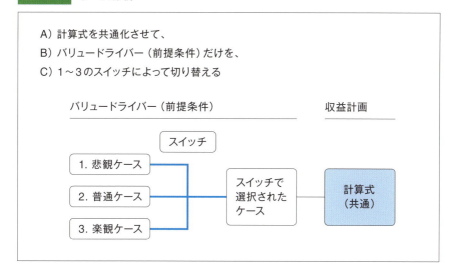

A）計算式を共通化させて、
B）バリュードライバー（前提条件）だけを、
C）1〜3のスイッチによって切り替える

収益シミュレーションモデル【応用編】｜第2章

収益計画の値段（18行目）のセルに、選択されたケースの値段（9行目）を参照するようにします。
　これで、ケース分析の式ができました。スイッチ（セルA1）を切り替えると、収益計画の値段も自動的に切り替わります。

図表 2-55 スイッチで選択されたケースの値段（セル F9）を収益計画に反映させる

	A	B	C	D	E	F	G	H
1		3						
2								
3				バリュードライバー（前提条件）				
4						今月	来月	再来月
5				値段				
6				悲観ケース	円	1,000	800	800
7				普通ケース	円	1,000	1,000	1,000
8				楽観ケース	円	1,000	1,200	1,200
9				楽観ケース	円	1,000	1,200	1,200
10								
11								
12				収益計画				
13								
14						今月	来月	再来月
15				売上	円	0	0	0
16				販売数	個	1,000	1,100	1,210
17				成長率	%	N/A	10%	10%
18				値段	円	=F9		
19				費用	円	400,000	430,000	463,000
20				材料費	円	300,000	330,000	363,000
21				1個あたり材料費	円	300	300	300
22				賃借料	円	100,000	100,000	100,000
23				利益	円	-400,000	-430,000	-463,000

最後に、スイッチの右隣（セルB1）と、収益計画のタイトルエリア（セルB13）に、選択されたケース（セルC9）への参照を設定します。こうしておくと、次ページ**図表2-57**のように、収益計画をぱっと見ただけで、いまこれがどのケースなのか分かるようになります。

図表 2-56 スイッチで選択されたケース名を参照する

	A	B	C	D	E	F	G	H
1		3	=C9					
2								
3			バリュードライバー（前提条件）					
4						今月	来月	再来月
5			値段					
6			悲観ケース		円	1,000	800	800
7			普通ケース		円	1,000	1,000	1,000
8			楽観ケース		円	1,000	1,200	1,200
9			楽観ケース		円	1,000	1,200	1,200
10								
11								
12			収益計画					
13			=C9					
14						今月	来月	再来月
15			売上		円	1,000,000	1,320,000	1,452,000
16			販売数		個	1,000	1,100	1,210
17			成長率		%	N/A	10%	10%
18			値段		円	1,000	1,200	1,200
19			費用		円	400,000	430,000	463,000
20			材料費		円	300,000	330,000	363,000
21			1個あたり材料費		円	300	300	300
22			賃借料		円	100,000	100,000	100,000
23			利益		円	600,000	890,000	989,000

図表 2-57 いまどのケースが選択されているのか、すぐにわかる！

	A	B	C	D	E	F	G	H
1		3	楽観ケース					
2								
3			バリュードライバー（前提条件）					
4						今月	来月	再来月
5			値段					
6			悲観ケース		円	1,000	800	800
7			普通ケース		円	1,000	1,000	1,000
8			楽観ケース		円	1,000	1,200	1,200
9			楽観ケース		円	1,000	1,200	1,200
10								
11								
12			収益計画					
13			楽観ケース					
14						今月	来月	再来月
15			売上		円	1,000,000	1,320,000	1,452,000
16			販売数		個	1,000	1,100	1,210
17			成長率		%	N/A	10%	10%
18			値段		円	1,000	1,200	1,200
19			費用		円	400,000	430,000	463,000
20			材料費		円	300,000	330,000	363,000
21			1個あたり材料費		円	300	300	300
22			賃借料		円	100,000	100,000	100,000
23			利益		円	600,000	890,000	989,000

　以上で、ケース分析は完了です。今回の**ポイントは、スイッチでバリュードライバー（前提条件）を切り替えるようにすることで、共通化することができ、計算ミスを減らすことができる**、という点です。

ケース名の呼び方はいろいろ

　本書のケース分析では、「楽観ケース、普通ケース、悲観ケース」と呼んでいますが、この呼び方は様々です。たとえば、よく見かけるのが「アップサイド、ベース、ダウンサイド」ですね。商社が使用しているケース分析でよく見かけます。アップサイドケースは、売上も利益も好調という場合です。

　一方、スタートアップ企業の場合、「アグレッシブ、ベース、コンサバ」と書いてあるのを見かけます。なぜか？

　スタートアップ企業は、短期的な利益よりも長期的な成長を重視しています。そのため、「この事業はいける！」と思えば、設備投資やマーケティング費用に積極的に投資をします。その結果、短期的には利益が赤字になることがよくあります（その赤字を埋めるために、ベンチャーキャピタルなど外部から資本を調達することになります）。

　つまり、スタートアップ企業は「アグレッシブケースだと利益がマイナス（赤字）、逆にコンサバケースだと利益がプラス（黒字）になる」場合があるわけです。
　これを先ほどの「アップサイドケース」と表現してしまうと、「あれ、アップサイドケースなのに利益がマイナスになっているのはなぜ？」と思われる可能性がありますので、アグレッシブケースという表現のほうがしっくりきますね。

ケース分析❸ ケース分けする項目を増やす

　ここまでの例では「値段」を3ケースに分けましたが、他にもケース分けしたい項目がある場合の方法も紹介します。

　今度は、値段に加えて、1個あたり材料費もケース分けします。まず以下のように1個あたり材料費を3ケースに分けます（11～13行目）。次に、すでに作ってあるCHOOSE関数の式（9行目）をそのまま14行目にコピーします。

図表2-58 9行目のCHOOSE関数を14行目にコピー

	A	B	C	D	E	F	G	H
1			3	楽観ケース				
2								
3			バリュードライバー（前提条件）					
4						今月	来月	再来月
5			値段					
6				悲観ケース	円	1,000	800	800
7				普通ケース	円	1,000	1,000	1,000
8				楽観ケース	円	1,000	1,200	1,200
9				楽観ケース	円	1,000	1,200	1,200
10			1個あたり材料費					
11				悲観ケース	円	300	500	500
12				普通ケース	円	300	300	300
13				楽観ケース	円	300	200	200
14				楽観ケース	円	300	200	200

コピー

そして、先ほどと同じように、収益計画の1個あたり材料費（26行目）をクリックして、選択されたケースの1個あたり材料費（14行目）を参照すれば完成です。

この要領で進めていけば、ケース分けする項目はいくらでも増やすことができます。

図表 2-59 スイッチで選択されたケースの「1個あたり材料費」を収益計画に反映させる

	A	B	C	D	E	F	G	H
9			楽観ケース		円	1,000	1,200	1,200
10		1個あたり材料費						
11			悲観ケース		円	300	500	500
12			普通ケース		円	300	300	300
13			楽観ケース		円	300	200	200
14			楽観ケース		円	300	200	200
15								
16								
17		収益計画						
18		楽観ケース						
19						今月	来月	再来月
20		売上			円	1,000,000	1,320,000	1,452,000
21			販売数		個	1,000	1,100	1,210
22			成長率		%	N/A	10%	10%
23			値段		円	1,000	1,200	1,200
24		費用			円	100,000	100,000	100,000
25			材料費		円	0	0	0
26			1個あたり材料費		円	=F14		
27			賃借料		円	100,000	100,000	100,000
28		利益			円	900,000	1,220,000	1,352,000

ケース分析❹ シートを分ける

このようにケース分けする項目が増えていくと、表が縦長になります。縦長の表が扱いづらくなったら、次のようにシートを2つに分けるとよいでしょう。
①バリュードライバー（前提条件）のシート
②収益計画のシート

図表 2-60 ケース分けするバリュードライバー①が多くなったら、別シートにしよう！

			今月	来月	再来月
3 楽観ケース					
バリュードライバー（前提条件）					
値段					
悲観ケース		円	1,000	800	800
普通ケース		円	1,000	1,000	1,000
楽観ケース		円	1,000	1,200	1,200
楽観ケース		円	1,000	1,200	1,200
1個あたり材料費					
悲観ケース		円	300	500	500
普通ケース		円	300	300	300
楽観ケース		円	300	200	200
楽観ケース		円	300	200	200

① （上記範囲）

			今月	来月	再来月
収益計画					
楽観ケース					
売上		円	1,000,000	1,320,000	1,452,000
販売数		個	1,000	1,100	1,210
成長率		%	N/A	10%	10%
値段		円	1,000	1,200	1,200
費用		円	400,000	320,000	342,000
材料費		円	300,000	220,000	242,000
1個あたり材料費		円	300	200	200
賃借料		円	100,000	100,000	100,000
利益		円	600,000	1,000,000	1,110,000

② （上記範囲）

section 10

ケース分析❺ ケースを比較する

　いよいよケース分析の最後のパートです。ケース分析の目的は「すべてのケースの計算式を共通化して計算ミスを防ぐ」ことでしたが、これには問題点もあります。**各ケース結果を見るのにスイッチを切り替えるため、「同時に複数のケースを見られず、ケースの比較ができない」**ことです。

　では、ケースを比較したいときは、どうしたらよいのでしょうか。ここでは、その方法を説明します。

図表 2-61　このように、すべてのケースを比較するには？

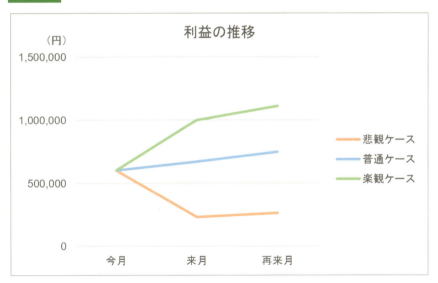

収益シミュレーションモデル【応用編】｜第2章　67

最初に、収益計画の下に新しく「アウトプット」の表を作ります（**図表 2-64**の31～35行目）。

図表 2-62　各ケースを比較するには、アウトプットの表を作成する

それでは、まず悲観ケースを作りましょう（**図表2-64**）。

図表 2-63　まずは悲観ケースから

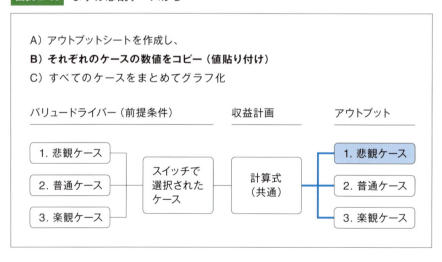

図表 2-64 悲観ケースの利益をアウトプット表にコピーする

	A	B	C	D	E	F	G	H
16								
17				収益計画				
18				悲観ケース				
19						今月	来月	再来月
20				売上	円	1,000,000	880,000	968,000
21				販売数	個	1,000	1,100	1,210
22				成長率	%	N/A	10%	10%
23				値段	円	1,000	800	800
24				費用	円	400,000	650,000	705,000
25				材料費	円	300,000	550,000	605,000
26				1個あたり材料費	円	300	500	500
27				賃借料	円	100,000	100,000	100,000
28				利益	円	600,000	230,000	263,000
29								
30								
31				アウトプット（利益）				
32						今月	来月	再来月
33				悲観ケース	円			
34				普通ケース	円			
35				楽観ケース	円			

コピー

　以下の手順で、悲観ケースの利益をアウトプット表にコピーします。

1 スイッチ（セルA1）＝1にして、悲観ケースを選択する。
2 悲観ケースの利益（28行目）をコピーして、
3 下のアウトプット表の悲観ケース（33行目）に貼りつける。

　ここで注意したいのは、貼り付けの方法です。**今回は28行目の利益の「数字」（≠計算式）をそのまま33行目のアウトプット表に貼り付けたいので、この場合は、計算式ではなく「値」を貼り付けます。** 28行目をコピーしたら、右クリックして、**図表2-65**［形式を選択して貼り付け］→**図表2-66**［値］をクリックすると、値だけを貼り付けることができます。また、値と書式（桁区切り）まで貼りつけたい場合は、**図表2-66**「値と数値の書式」を選択します。

図表 2-65　利益（28行目）をコピーして33行目を選択して、「形式を選択して貼り付け」

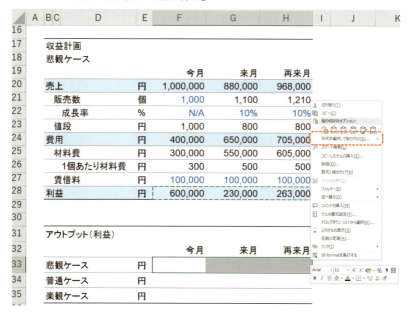

図表 2-66　「値」だけ貼り付ける

値の貼り付けをすると、式ではなく数字（値）だけが貼り付けられます。この数字はベタ打ち数字と同じなので青色にします。

図表 2-67 悲観ケースの数字の貼り付け完了！

	C	D	E	F	G	H
17	収益計画					
18	悲観ケース					
19				今月	来月	再来月
20	売上		円	1,000,000	880,000	968,000
21	販売数		個	1,000	1,100	1,210
22	成長率		%	N/A	10%	10%
23	値段		円	1,000	800	800
24	費用		円	400,000	650,000	705,000
25	材料費		円	300,000	550,000	605,000
26	1個あたり材料費		円	300	500	500
27	賃借料		円	100,000	100,000	100,000
28	利益		円	600,000	230,000	263,000
31	アウトプット（利益）					
32				今月	来月	再来月
33	悲観ケース		円	600,000	230,000	263,000
34	普通ケース		円			
35	楽観ケース		円			

次は普通ケースです。スイッチを「2」に切り替えると、収益計画は普通ケースになります。この普通ケースの利益をコピーし、先ほどと同様に「値」貼り付けでアウトプット表に貼り付けます（**図表 2-68、69**）。

楽観ケースも同様です。スイッチを「3」に切り替えて、楽観ケースの利益をアウトプット表に貼り付けます（**図表 2-70、71**）。

図表 2-68　アウトプット「普通ケース」を作る

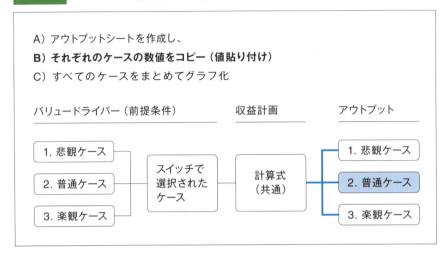

A) アウトプットシートを作成し、
B) それぞれのケースの数値をコピー（値貼り付け）
C) すべてのケースをまとめてグラフ化

図表 2-69　スイッチを「2」＝普通ケースに切り替えてコピー

			今月	来月	再来月
収益計画					
普通ケース					
売上		円	1,000,000	1,100,000	1,210,000
販売数		個	1,000	1,100	1,210
成長率		%	N/A	10%	10%
値段		円	1,000	1,000	1,000
費用		円	400,000	430,000	463,000
材料費		円	300,000	330,000	363,000
1個あたり材料費		円	300	300	300
賃借料		円	100,000	100,000	100,000
利益		円	600,000	670,000	747,000
アウトプット（利益）					
			今月	来月	再来月
悲観ケース		円	600,000	230,000	263,000
普通ケース		円	600,000	670,000	747,000
楽観ケース		円			

コピー

図表 2-70 アウトプット「楽観ケース」

A）アウトプットシートを作成し、
B）それぞれのケースの数値をコピー（値貼り付け）
C）すべてのケースをまとめてグラフ化

図表 2-71 スイッチを「3」＝楽観ケースに切り替えてコピー

			今月	来月	再来月
収益計画					
楽観ケース					
売上		円	1,000,000	1,320,000	1,452,000
販売数		個	1,000	1,100	1,210
成長率		％	N/A	10%	10%
値段		円	1,000	1,200	1,200
費用		円	400,000	320,000	342,000
材料費		円	300,000	220,000	242,000
1個あたり材料費		円	300	200	200
賃借料		円	100,000	100,000	100,000
利益		円	600,000	1,000,000	1,110,000
アウトプット（利益）					
			今月	来月	再来月
悲観ケース		円	600,000	230,000	263,000
普通ケース		円	600,000	670,000	747,000
楽観ケース		円	600,000	1,000,000	1,110,000

コピー

最後に、アウトプット表のすべてのケースの利益をグラフにまとめれば完成です。

図表 2-72　最後にグラフでまとめて完成！

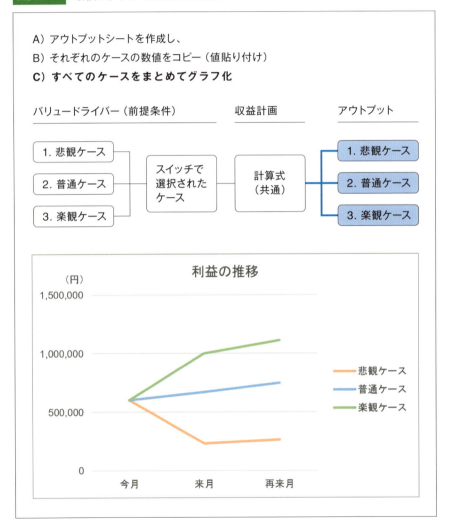

循環参照
収益モデルの矛盾と、解決テクニック

　ここまで損益分岐点、感応度分析、ケース分析を紹介しましたが、応用編の最後に**「循環参照」問題**について説明します。循環参照は収益モデルを作成する際に起こることがあります。

　たとえば、年度末が近づいて、今年度の収益がだいたい見通せるようになった頃、社長があなたにこう言ったとします。

「今年度も残り2ヵ月、社員にがんばってもらいたいので、今年の利益の10%を社員にボーナスとして支払うと宣言することにした。そのボーナス支払いを反映した収益見通しを作成してほしい」

図表 2-73　この収益見通しに、ボーナスを加える

	B	C	D	E
2	収益見通し			
3				今年度
4	売上		千円	500,000
5	値段		円	1,000
6	販売数		千個	500
7	費用		千円	300,000
8	材料費		千円	100,000
9	給与		千円	200,000
10	利益		千円	200,000

収益シミュレーションモデル【応用編】｜第2章　75

あなたは、費用の項目に新しく「ボーナス」を追加し、利益×10％の金額を計算しました。

図表 2-74　ボーナス＝利益×10％と追加

	A	B	C	D	E	F
1						
2		収益見通し				
3					今年度	
4		売上		千円	500,000	
5			値段	円	1,000	
6			販売数	千個	500	
7		費用		千円	300,000	
8			材料費	千円	100,000	
9			給与	千円	200,000	
10			ボーナス	千円	=E11*10%	
11		利益		千円	200,000	

さらに、費用合計（7行目）にボーナスを加えました。

図表 2-75　費用にボーナスを加えると…

	A	B	C	D	E	F
1						
2		収益見通し				
3					今年度	
4		売上		千円	500,000	
5			値段	円	1,000	
6			販売数	千個	500	
7		費用		千円	=E8+E9+E10	
8			材料費	千円	100,000	
9			給与	千円	200,000	
10			ボーナス	千円	20,000	
11		利益		千円	200,000	

すると、このようなエラーが表示されてしまいました。

図表 2-76 循環参照エラー（1）

「OK」をクリックして表を見ると、図のような青色の矢印が表示され、費用合計のセル（E7）も0となっています。**これが循環参照のエラーです。**

図表 2-77 循環参照エラー（2）

	A	B	C	D	E	F
1						
2		収益見通し				
3					今年度	
4		売上		千円	500,000	
5		値段		円	1,000	
6		販売数		千個	500	
7		費用		千円	0	
8		材料費		千円	100,000	
9		給与		千円	200,000	
10		ボーナス		千円	20,000	
11		利益		千円	200,000	

循環参照エラーとは、たとえば

A ＝ B ＋100

という式があった場合、

1 Bが決まらないとAが決まらない

2 Aが決まらないとBが決まらない

ため、AとBの答えを見つけることはできません。

このように、**2つのセルが相互に参照することで起きるエラー**が、**循環参照エラーと呼ばれます。**

では今回のケースでは、なぜ循環参照が起きたのでしょうか。下の**図表2-78**を見てください。

①利益の10%をボーナスの支払いに回すということなので、「利益が決まると、ボーナスが決まる」という計算の流れになります。
②一方、ボーナスが決まると、費用が決まり、その結果、利益が決まるという計算もあります。

この①②は矛盾しています。**利益が決まらないとボーナスは決まらないし、逆にボーナスが決まらないと利益が決まらない。**このように計算が循環していると循環参照が起こります。

図表 2-78　循環参照が起きた理由

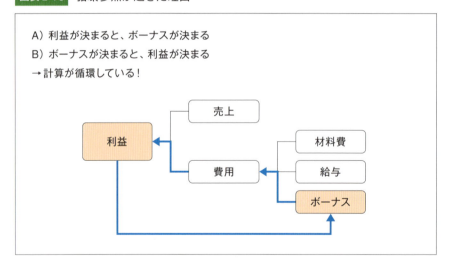

では、この循環参照エラーが発生したら、どのように対処すればいいのでしょうか。実は、この**循環参照の問題は、「反復計算」を使うと解消できます。計算をひたすら繰り返して、前述の①②の両方の条件を満たすボーナス金額の解を出すわけです。**

　反復計算をするには、エクセルの［ファイル］→［オプション］から、Excelのオプションを開きます。画面の左側の［数式］を選択し、右側にある［反復計算を行う］にチェックを入れます。

図表 2-79　循環参照エラーは「反復計算」で解決！

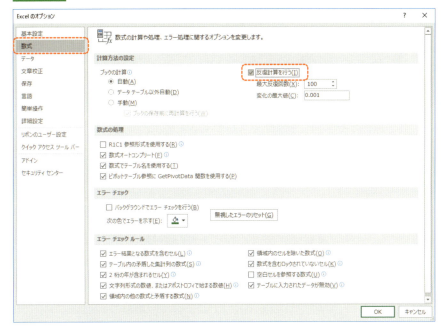

反復計算を行うと、図のようにボーナスの金額として「18,182」という結果が表示されます。利益は181,818となっています。ちょうどボーナス＝利益×10％ですね。

図表 2-80　反復計算でボーナスの解を出す

	A	B	C	D	E	F
1						
2		収益見通し				
3					今年度	
4		売上		千円	500,000	
5		値段		円	1,000	
6		販売数		千個	500	
7		費用		千円	318,182	
8		材料費		千円	100,000	
9		給与		千円	200,000	
10		ボーナス		千円	18,182	
11		利益		千円	181,818	

ちょうどボーナス
＝利益×10％

　このように一見矛盾しているように見える計算も、反復計算によって解決できる場合があります（もちろん計算式そのものを修正しないと解決できないこともあります）。

　ただし、感応度分析のときと同様に、この反復計算もエクセルが重くなる要因の1つとなりますので、多用するとファイルが使いづらくなります。
　今回のケースは、「きっちり正確に」利益の10％をボーナスの支払いにするために反復計算を使ってボーナス18,182千円という答えを計算しましたが、「だいたい10％」でよければ18,000千円をボーナス項目にベタ打ちすれば十分だったかもしれません。
　収益シミュレーションは、「細かすぎず、粗すぎず」を目指しましょう。

第3章

収益計画を作成する

過去の実績をもとに、
将来のビジネスを予測する技術

section

1 収益計画をどうつくるか

　前章では、シンプルなビジネスプランをエクセルに落とし込み、収益シミュレーションを行うテクニックについて解説しました。本章では収益計画の策定について解説していきます。

　これから立ち上げる新規ビジネスプランなら、収益計画の作成は簡単です。ビジネスモデルを収益構成（フィッシュボーン）に分解してバリュードライバーを予測すれば収益計画を作成することができます。

　ところが、多くの場合、収益計画をつくるのは**新規ビジネスではなく、すでに存在しているビジネス**です。

図表 3-1　今回のテーマ

過去の実績をもとに、**将来の収益計画**を策定する

	A B C D	E	F	I	J	K	L	M	N	O	P
1											
2	収益計画										
3						実績←	→来年計画				
4				10月	11月	12月	1月	2月	3月	4月	5月
5	売上		円	650,000	550,000	1,100,000	851,613	928,125	1,000,000	1,067,647	1,131,429
6	値段		円	1,000	1,000	1,000	1,100	1,100	1,100	1,100	1,100
7	販売数		個	650	550	1,100	774	844	909	971	1,029
8	年末商戦		個	0	0	400	0	0	0	0	0
9	年末商戦以外		個	650	550	700	774	844	909	971	1,029
10	1販売あたり広告費		円	308	318	300	310	320	330	340	350
11	費用		円	524,250	473,000	689,500	581,935	633,672	684,091	733,309	781,429
12	材料費		円	224,250	198,000	379,500	241,935	263,672	284,091	303,309	321,429
13	1個あたり材料費		円	345	360	345	313	313	313	313	313
14	1個あたり材料費		ドル	3.0	3.0	3.0	2.5	2.5	2.5	2.5	2.5
15	為替(1ドルあたり)		円	115	120	115	125	125	125	125	125
16	販売数		個	650	550	1,100	774	844	909	971	1,029
17	広告費		円	200,000	175,000	210,000	240,000	270,000	300,000	330,000	360,000
18	前月からの増加						30,000	30,000	30,000	30,000	30,000
19	その他費用		円	100,000	100,000	100,000	100,000	100,000	100,000	100,000	100,000
20	利益		円	125,750	77,000	410,500	269,677	294,453	315,909	334,338	350,000

そして、すでに存在しているビジネスの将来を予測するためには、過去の実績を参考にしながら来年どれくらいの売上を目指せそうか、という議論を進める必要があります。

図表3-2の通り、収益計画の策定ステップは、大きく2つに分かれます。

1 過去の実績を分析する
①実績を分解する：第1章で解説した通り、売上＝値段×販売数といったように要素を分解していきます（フィッシュボーン）。
②数字の連動を見極める：収益モデルをつくるには、どの数字とどの数字が連動しているかを見極めるのが重要です。今回は相関分析を使います。

2 将来の計画を作成する
③将来を予測する：競合との比較など、様々な観点から予測していきます。
④妥当性を確認する：作成した計画について「全体的に納得感があるか」妥当性をチェックします。個々のバリュードライバーの予測はロジカルだったとしても、それらを合計した売上が楽観的すぎたり、あるいは保守的すぎたりしないように注意します。

図表3-2 収益計画の策定ステップ

本章のケースは以下の**図表3-3**の通りです。アクセサリービジネスで、海外メーカーから材料を輸入し、インターネットで販売します。販売数を伸ばすために、インターネット広告を活用しています。それでは、このビジネスの収益計画を策定していきましょう。

図表3-3　ケーススタディ

(1) アクセサリー販売ビジネス
　A) 海外メーカーから材料を3ドルで輸入
　B) 1,000円でインターネット販売
　C) インターネット広告費をかけるほど販売数は伸びる
　　a. ただし、年末商戦（クリスマス）には毎年400個ほど多く売れる

(2) 過去5ヵ月の販売実績をもとに、将来5ヵ月の計画を作成する
　A) 値段は1,000円から値上げできそう
　B) 販売数を増やして、材料まとめ買いで、材料費を下げたい

section 2

収益計画の作成ステップ❶
過去の実績を分解する

まず、過去の実績を整理しましょう。今回のビジネスモデルを収益構成（フィッシュボーン）に落とし込んでいきます。

図表 3-4 収益計画の策定ステップ

収益構成（フィッシュボーン）が**図表3-5**になります。さらにフィッシュボーンを収益モデル（エクセル）にしたものが次の**図表3-6**です。青色の数字がバリュードライバー（**図表3-5の青色の項目**）になります。

図表3-5　財務モデルの設計図（フィッシュボーン）

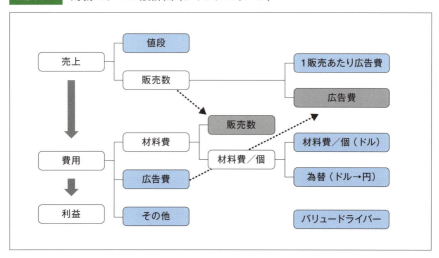

図表3-6　フィッシュボーンをエクセル収益モデルにする

			8月	9月	10月	11月	実績←｜→来年計画	
							12月	1月　2月
売上		円	400,000	500,000	650,000	550,000	1,100,000	
値段		円	1,000	1,000	1,000	1,000	1,000	
販売数		個	400	500	650	550	1,100	
費用		円	332,000	422,500	524,250	473,000	689,500	
材料費		円	132,000	172,500	224,250	198,000	379,500	
1個あたり材料費		円	330	345	345	360	345	
1個あたり材料費		ドル	3.0	3.0	3.0	3.0	3.0	
為替（1ドルあたり）		円	110	115	115	120	115	
販売数		個	400	500	650	550	1,100	
広告費		円	100,000	150,000	200,000	175,000	210,000	
その他費用		円	100,000	100,000	100,000	100,000	100,000	
利益		円	68,000	77,500	125,750	77,000	410,500	

section 3

収益計画の作成ステップ❷
数字の連動をチェックする

　収益モデルを作るときは、どの数字とどの数字が連動しているかを見極めるのが重要なポイントです。たとえば前ページ図表3-5の収益構成のうち、売上は値段×販売数で計算されています。つまり販売数が増えるほど売上が上がるということですが、これは特に違和感ありません。

　ところが、下の**図表3-7**にある「インターネット広告費をかけるほど販売数は伸びる」、というのは本当でしょうか。もしかすると、販売数が増えている要因は広告以外にあり、**広告費をかけるほど販売数が増える「はず」と思い込んでいるだけかもしれません。**

図表3-7　インターネット広告費をかけるほど販売者数は伸びる…本当だろうか？

（1）アクセサリー販売ビジネス
　A) 海外メーカーから材料を3ドルで輸入
　B) 1,000円でインターネット販売
　C) インターネット広告費をかけるほど販売数は伸びる
　　　a. ただし、年末商戦（クリスマス）には毎年400個ほど多く売れる

（2）過去5ヵ月の販売実績をもとに、将来5ヵ月の計画を作成する
　A) 値段は1,000円から値上げできそう
　B) 販売数を増やして、材料まとめ買いで、材料費を下げたい

収益計画を作成する｜第3章　87

収益計画を策定するときに、一見関係ありそうでも、**実は「思い込み」にすぎない数字を連動させてしまうと、将来予測の精度が悪くなります。**たとえば次のような仮説です。

- 営業マンを増やすほど売上も伸びる「はず」
- テレビCMを打てば売上が伸びる「はず」
- ホテルの設備をよくするほど顧客リピート率は上がる「はず」

では、これらの数字を「連動させるべきか、させないべきか」を判断するにはどうすればよいでしょうか。その1つの考え方が「相関分析」です。

相関分析とは、**「過去のトレンドを見て、2つの数字の関係性（相関）が強ければ、将来もきっと相関するだろう」**という分析手法になります。もちろん将来のことですから絶対に数字が連動するとは保証できませんが、それでも過去のデータが連動しているのであれば説得力は大きく増します。

図表 3-8　収益計画の策定ステップ

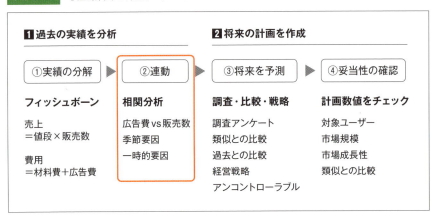

section 4

収益計画の作成ステップ❸
相関分析とは

相関分析とは、具体的にどのようなものなのでしょうか。

- 営業マンを増やすほど売上も伸びる「はず」

という仮説が現実的かを検証するためには、過去のトレンドを確認する必要があります。毎年の営業マン数（横軸）と売上（縦軸）を過去5年分まとめると、以下の**図表3-9**のようになったとします。さらにグラフに表示されたそれぞれの点（データ）の傾向を視覚的に表す「近似曲線」（青色の点線）を表示すると、近似曲線は右に向かって上がっているように見えます。つまり、過去5年間のトレンドを見ると、営業マンが増えるほど売上も伸びていた、と言えそうです。

図表3-9 営業マンが増えるほど、売上が伸びる→相関が強い

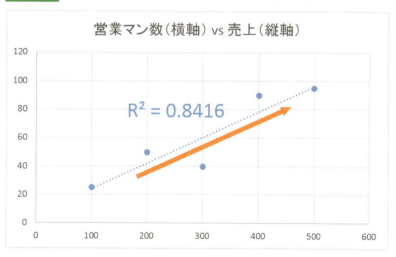

収益計画を作成する｜第3章

さらにこの**図表3-9**にはR² = 0.8416と書かれています。R²とはどれくらい相関が高いかを示す指標です。一般的には0.5つまり50%を超えると相関あり、70〜80%と高くなるに従って相関性は高いと言われます。

　さて、相関分析をする際には次の3点に留意する必要があります。

(1) 相関分析は「数字の検証」＋「筋の良い仮説」

　まず、「R²が高ければ絶対に相関している」と自信をもってしまうケースです。たとえばジュエリー販売のマーケティング担当者が「日本市場を見ると、ビールの販売数と、ジュエリーの販売数には高い相関が見られる！　だからウチもビールを販売しよう！」と主張したとします。果たしてこの2つには強い因果関係があるのでしょうか。少なくとも私にはどうもピンときません。もしかすると、景気が良いとビールの販売数が伸び、ジュエリーの販売数が増えるのかもしれません。もしそうなら、(1) 景気とビール販売数に相関がある、(2) 景気とジュエリー販売数に相関がある、という2つの相関があるだけで、ビールを売ったらジュエリーの販売数が伸びるということはないでしょう。==相関分析を行う際には、そのR²という数字にこだわるだけではなく、その根拠に納得感があるかという「筋のよい仮説」の構築が不可欠です。==

(2) 限られたデータ量で意思決定する

　相関分析を行う際、サンプル数が十分かという問題が頻繁に起きます。たとえば先ほどの営業マン数と売上の関係では、サンプル数（点の数）が5個しかありません。この場合、1つでも数字がブレるとR²の数字は変わってしまいます。

　そして、ビジネスの現場でよくあるのが、「サンプル数が少なすぎるので判断できない。将来を予測するのに必要なサンプル数が集まるまで実績データを溜めましょう」といって、将来計画を作成する時期を延期するというものです。これはなかなか難しい問題で、もちろん正しい分析をしようとする担当者の気持ちも分かります。しかし、サンプル数が集まるまで待った結果、将来計画の策定が遅れ、様々なビジネス戦略の実行が遅れる機会損失リスク

もあります。**必要なサンプル数が十分ではなくても、限られたデータをもって意思決定を行うことも重要です。**

(3) 季節要因と一時要因を洗い出す

　過去の売上データには、様々な要因が含まれています。営業マンを増やしたから売上が増えたのかもしれませんし、たまたま年末商戦で増えた場合もあります（季節要因）。あるいは東京オリンピックがある2020年は、観光客が大きく増えるかもしれません（一時要因）。相関分析を行う際、このような季節要因や一時要因が混ざった数字を使ってしまうと、なかなか相関関係を見つけるのが難しくなりますので、しっかり要因を切り分けて分析を進める必要があります（詳しくは次のセクションで解説します）。

図表3-10　季節要因と一時要因

（1）季節要因
　A）年末商戦
　B）夏になると飲料が売れる

（2）一時要因
　A）2011年：東日本大震災
　B）2014年：消費税の増税
　C）2020年：オリンピックの年は観光客が増える

➡ **財務モデルでは、これらの要因をきっちり分けてから、数字を連動させる**
　（相関分析で、これらの要因を洗い出すことができる）

section 5

収益計画の作成ステップ❹
相関分析をエクセルで行う

　それでは今回の仮説「インターネット広告費をかけるほど販売数は伸びる」をエクセルで検証してみることにしましょう。

図表3-11　インターネット広告費をかけるほど販売者数は伸びる…本当だろうか？

---

(1) アクセサリー販売ビジネス

　A) 海外メーカーから材料を3ドルで輸入
　B) 1,000円でインターネット販売
　C) インターネット広告費をかけるほど販売数は伸びる
　　a. ただし、年末商戦（クリスマス）には毎年400個ほど多く売れる

(2) 過去5ヵ月の販売実績をもとに、将来5ヵ月の計画を作成する

　A) 値段は1,000円から値上げできそう
　B) 販売数を増やして、材料まとめ買いで、材料費を下げたい

　まず、販売数（7行目）を選択し、続いて［Ctrl］キーを押しながら広告費（17行目）を選択します。

図表 3-12 販売数と広告費のセルを選択

	A B C D	E	F	G	H	I	J	K	L
1									
2	収益計画								
3								実績←	→来年計画
4				8月	9月	10月	11月	12月	1月
5	売上		円	400,000	500,000	650,000	550,000	1,100,000	
6	値段		円	1,000	1,000	1,000	1,000	1,000	
7	販売数		個	400	500	650	550	1,100	
11	費用		円	332,000	422,500	524,250	473,000	689,500	
12	材料費		円	132,000	172,500	224,250	198,000	379,500	
13	1個あたり材料費		円	330	345	345	360	345	
14	1個あたり材料費		ドル	3.0	3.0	3.0	3.0	3.0	
15	為替(1ドルあたり)		円	110	115	115	120	115	
16	販売数		個	400	500	650	550	1,100	
17	広告費		円	100,000	150,000	200,000	175,000	210,000	
19	その他費用		円	100,000	100,000	100,000	100,000	100,000	
20	利益		円	68,000	77,500	125,750	77,000	410,500	

［挿入］→［散布図］→［散布図］をクリックします。

図表 3-13 散布図を出す

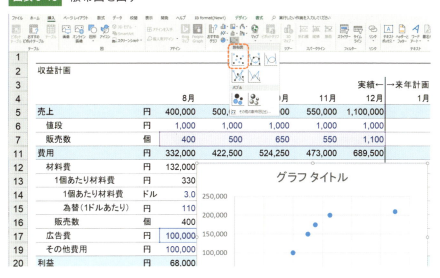

次のような散布図ができました。横軸が販売数、縦軸が広告費を示します。

収益計画を作成する｜第3章　93

図表 3-14　散布図：横軸が販売数、縦軸が広告費

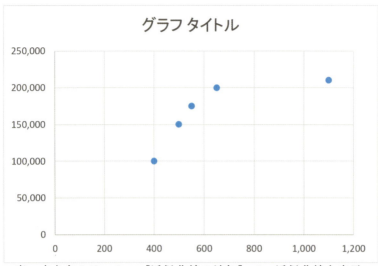

青い点を右クリック→［近似曲線の追加］で、近似曲線を表示。

図表 3-15　近似曲線を表示

すると、右の**図表3-16**が自動的に表示されるので、［グラフにR-2乗値を表示する］にチェックを入れると、以下の**図表3-17**のように近似曲線とR^2の数値が表示されます。

図表3-16　R^2を表示させる

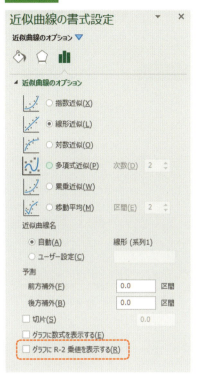

図表3-17　R^2が表示される

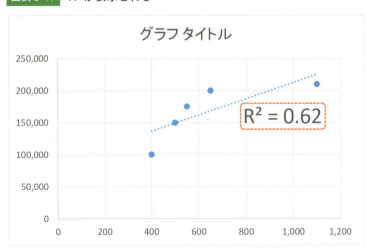

では、販売数と広告費の相関性はどれほどでしょうか。この散布図のR²を見ると、0.62つまり62％と表示されています。決して低いとはいえませんが、あまり高いともいえなさそうです。

図表 3-18　R² ＝ 62％。それほど相関は強くない…？

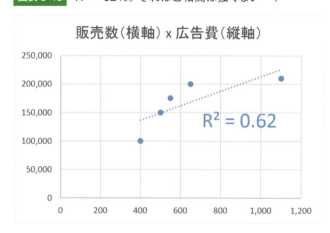

　だからといって、広告費と販売数には全く関係がないと考えるのは尚早です。ここで注目していただきたいのが、散布図の右側にある点です。この点だけ、他にくらべて右に大きく外れているように見えます。

図表 3-19　販売数と広告費の関係に異常値がある？

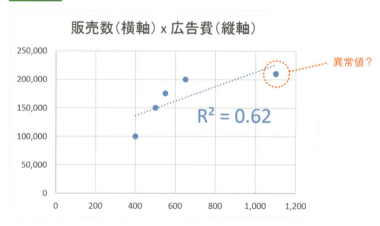

このように「異常に見える」データがあれば、その背景を考えます。この異常値は12月の販売数で、年末商戦によって特別に販売数が伸びているため（季節要因）、グラフの右側に寄っていることがわかります。

> **図表 3-20**　異常値の原因は年末商戦

（1）アクセサリー販売ビジネス

　A）海外メーカーから材料を3ドルで輸入
　B）1,000円でインターネット販売
　C）インターネット広告費をかけるほど販売数は伸びる
　　a. ただし、年末商戦（クリスマス）には毎年400個ほど多く売れる

（2）過去5ヶ月の販売実績をもとに、将来5ヶ月の計画を作成する

　A）値段は1,000円から値上げできそう
　B）販売数を増やして、材料まとめ買いで、材料費を下げたい

　そうすると、この年末商戦の販売数は広告費と関係がないため、相関を検証すべきは「**年末商戦以外の**販売数と広告費」となります。そこで、販売数を「年末商戦」（8行目）と「年末商戦以外」（9行目）に分解しました。

> **図表 3-21**　年末商戦をのぞく販売数と広告費の相関は？

			8月	9月	10月	11月	実績←｜→来年計画 12月	1月
収益計画								
売上		円	400,000	500,000	650,000	550,000	1,100,000	
値段		円	1,000	1,000	1,000	1,000	1,000	
販売数		個	400	500	650	550	1,100	
年末商戦		個	0	0	0	0	400	
年末商戦以外		個	400	500	650	550	700	
1販売あたり広告費			250	300	308	318	300	
費用		円	332,000	422,500	524,250	473,000	689,500	
材料費		円	132,000	172,500	224,250	198,000	379,500	
1個あたり材料費		円	330	345	345	360	345	
1個あたり材料費		ドル	3.0	3.0	3.0	3.0	3.0	
為替（1ドルあたり）		円	110	115	115	120	115	
販売数		個	400	500	650	550	1,100	
広告費		円	100,000	150,000	200,000	175,000	210,000	
その他費用		円	100,000	100,000	100,000	100,000	100,000	
利益		円	68,000	77,500	125,750	77,000	410,500	

相関をとると、以下のようにR²は96％という高い数値になります。これを見ると、**年末商戦を除くと、販売数と広告費には強い関係がある（＝広告費をかけるだけ販売数も増える）**ことがわかります。

図表3-22　強い相関（高いR²）を見つけられた！

つまり、広告費と連動させる販売数は、**年末商戦をのぞいた**販売数になる

この相関分析の結果を踏まえて、財務モデルの設計図（フィッシュボーン）の販売数を年末商戦とそれ以外に分け、年末商戦以外の販売数は広告費と連動させるように修正します（**図表3-24**）。

このように、

❶ どの数値が連動しているか仮説を立てる
❷ 過去の数値を相関分析で検証する
❸ 相関が見つかれば、財務モデルの設計図（フィッシュボーン）を修正する

を繰り返すことで、将来予測の精度が高い財務モデルを作っていきます。

図表 3-23　修正前：財務モデルの設計図（フィッシュボーン）

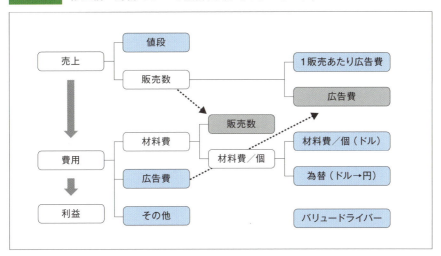

図表 3-24　修正後：販売数を年末商戦とそれ以外に分ける

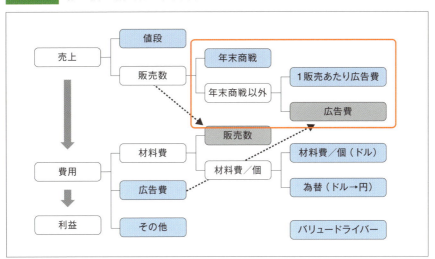

section 6

収益計画の作成ステップ❺
相関分析の注意点

　相関分析には注意すべき点がいくつかあります。まず、相関には正の相関と、負の相関があるということです。

　正の相関とは、たとえば営業マンが増えるほど売上も増えるというものです。一方、負の相関とは、気温が上がるほどホットコーヒーの販売数は減る、というものです。

　ここで注意したい点は、図表3-25の通り、**正の相関、負の相関どちらでも R^2 の数字は84％と同じ数字になります。言い換えれば、84％という数字だけでは、それが正の相関か、負の相関か分からないわけです。**

図表3-25　相関分析の注意点

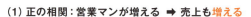

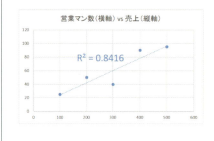
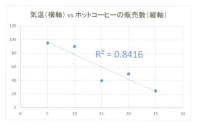

　そのため、相関分析を行う際には、**R^2 の数値だけではなく、その近似曲線（青色の点線）が右肩上がりなのか（正の相関）、あるいは右肩下がりなのか（負の相関）を合わせて見る必要があります。**

もう1つの注意点は、相関関係がある＝因果関係がある、とは限らないという点です。

たとえばハンバーガーショップの販売データを見て、マーケティング責任者が「ハンバーガーの販売数とコーヒーの販売数には相関関係がみられる。だからコーヒーを無料で配布すればハンバーガーの販売数も増えるのではないか」と考えたとします。

しかし、実際のところは、「ハンバーガーを食べる人は、カロリーを気にするため（原因）、ノンカロリーのコーヒーを一緒に買う傾向がある（結果）」ということかもしれません。

そうなると、コーヒーを無料で配布しても、それを受け取る人たちは別にハンバーガーを食べたいわけではないので、ハンバーガーの販売数は伸びません。無料でコーヒーだけ飲んで、それでおしまいです。

このような原因と結果の関係を因果関係と呼びます。データでは相関関係があっても、必ずしも因果関係があるとは言えません。やはり数字だけ見るのではなく、なぜそのような相関が発生するのか、背景・仮説をしっかり具体的にイメージすることが重要です。

株価分析でもよく使う散布図

今回紹介した散布図は、株価の分析でもよく使います。たとえば「XXX業界で、どのような経営指標が株価に影響を与えているのか」を調べる際には、散布図を使って、

縦軸：株価（正確にはPERなどマルチプル指標）
横軸：様々な経営指標（売上成長率、海外売上比率など）

を取ることで、株価と関係がありそうな指標を調べていきます。

そして「XXX業界は、海外の売上が大きい企業ほど株価が高い傾向がある」とわかったら、その企業は投資家に対して「当社は海外事業をがんばっています！」とアピールすれば、投資家から好感されるわけですね。

収益計画を作成する ｜ 第3章　101

section 7

収益計画の作成ステップ❻
将来の計画をつくる

　これまでは過去のP/L（売上・費用・利益）を分解し、相関分析によって、どの数字が連動しているかを明らかにしていきました。この過去実績データの分析を行って初めて、将来のP/Lを作成することができます。

図表 3-26　収益計画の策定ステップ

図表 3-27　ケーススタディ

（1）アクセサリー販売ビジネス
　A）海外メーカーから材料を3ドルで輸入
　B）1,000円でインターネット販売
　C）インターネット広告費をかけるほど販売数は伸びる
　　a. ただし、年末商戦（クリスマス）には毎年400個ほど多く売れる

（2）過去5ヵ月の販売実績をもとに、将来5ヵ月の計画を作成する
　A）値段は1,000円から値上げできそう
　B）販売数を増やして、材料まとめ買いで、材料費を下げたい

今回は、過去5ヵ月の販売実績をもとに、将来5ヵ月の計画を作成します。以下の**図表3-28**が今回の財務モデルの設計図（フィッシュボーン）になります。**まず設計図のバリュードライバー（青字の項目）を予測し、次に残りの項目を計算すれば、売上・費用・利益まで予測することができます。**では、バリュードライバーの予測方法（**図表3-29**）について説明します。

図表3-28　各バリュードライバー（青字）を予測して、将来計画をつくる

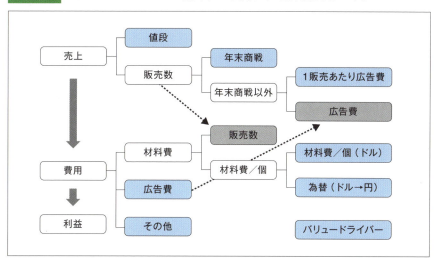

図表3-29　各バリュードライバーの予測方法はいろいろ

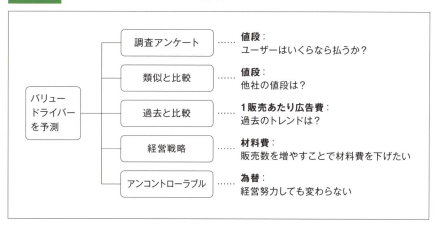

収益計画を作成する ｜ 第3章　103

収益計画の作成ステップ❼
将来の計画をつくる：調査アンケート＆類似比較

それでは将来の数字の予測を作成します。以下の**図表3-30**の右半分（将来）を計算していきます。

図表3-30 これから将来計画をつくりましょう

			10月	11月	実績←12月	→来年計画 1月	2月	3月	4月	5月
売上		円	650,000	550,000	1,100,000					
	値段	円	1,000	1,000	1,000					
	販売数	個	650	550	1,100					
	年末商戦	個	0	0	400					
	年末商戦以外	個	650	550	700					
	1販売あたり広告費	円	308	318	300					
費用		円	524,250	473,000	689,500					
	材料費		224,250	198,000	379,500					
	1個あたり材料費	円	345	360	345					
	1個あたり材料費	ドル	3.0	3.0	3.0					
	為替(1ドルあたり)	円	115	120	115					
	販売数	個	650	550	1,100					
	広告費	円	200,000	175,000	210,000					
	その他費用	円	100,000	100,000	100,000					
利益		円	125,750	77,000	410,500					

　まず、バリュードライバーである「値段」についてです（**図表3-31**）。値段の決め方は様々ですが、よく使われる手法の1つが調査アンケートです。想定している顧客層（年代、性別など）に対してアンケートを行い、いくらまでなら払えると思うかと聞くというものです。

　もう1つ、よく使われるのが類似との比較です。これは値段に限ったことではありませんが、同業他社を参考にすることはとても重要です。

図表 3-31 値段の将来計画について考える

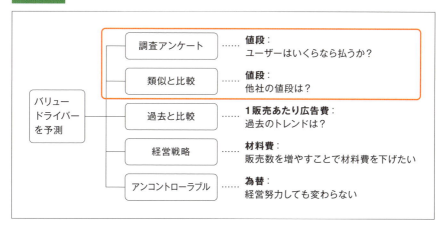

これまで1,000円で販売していた商品も、以下の調査アンケートの結果（**図表3-32**）を見ると1,100円でも買ってもいいと考える顧客層が多いことが分かります。さらに類似商品の価格（**図表3-32**）はいずれも1,200〜1,300円と自社よりも高い価格になっています。この2つのデータを見ると、自社の商品価格1,000円を引き上げることができそうです。

図表 3-32 調査アンケートと類似比較

そこで、将来計画では、価格を1,000円から1,100円に引き上げます。

図表 3-33　値段を1,000円→1,100円に引き上げる

			10月	11月	12月実績←	→来年計画 1月	2月	3月	4月	5月
収益計画										
売上		円	650,000	550,000	1,100,000					
値段		円	1,000	1,000	1,000	1,100	1,100	1,100	1,100	1,100
販売数		個	650	550	1,100					
年末商戦		個	0	0	400					
年末商戦以外		個	650	550	700					
1販売あたり広告費		円	308	318	300					
費用		円	524,250	473,000	689,500					
材料費		円	224,250	198,000	379,500					
1個あたり材料費		円	345	360	345					
1個あたり材料費		ドル	3.0	3.0	3.0					
為替(1ドルあたり)		円	115	120	115					
販売数		個	650	550	1,100					
広告費		円	200,000	175,000	210,000					
その他費用		円	100,000	100,000	100,000					
利益		円	125,750	77,000	410,500					

値段の決め方は、いろいろ

値段については様々な決め方があります。たとえば（1）「コストから値段を設定するパターン」です。たとえば建築工事の工事費用の見積もりの場合、工事に使用する建材や人件費を計算し、そのコストに30％の利益を上乗せした金額で見積書（値段）を出す、といった形ですね。これは計算方法としては分かりやすいのですが、一方で、この値段設定が買い手にとって魅力的とはいえない、つまり売り手の勝手な都合と捉えられてしまう可能性もあります。ので、説得力は十分とはいえないかもしれません。

この逆の例が、（2）「顧客への付加価値から値段を計算するパターン」です。たとえば社内の1人あたり残業時間を月0.5時間ほど削減できる業務効率化ソフトウェアの値段を決めるときに、そのソフトウェアがもたらすコスト削減（顧客への付加価値）は、残業代1時間2,000円とすると、

2,000円×月0.5時間の残業削減＝月1,000円のコスト削減

となります。つまり、このソフトウェア利用料は1人あたり月1,000円以下であれば、顧客企業はこのソフトウェアを導入することのメリットは十分にあるといえそうです。

図表 3-34 値段の決め方は、いろいろ

（1）コストから値段を計算

- A）1個あたりコストを計算（材料費＋人件費など）
- B）コストに30％の利益を上乗せした金額を値段とする
- C）しかし、買い手（消費者）が魅力的と感じる値段といえない可能性あり

（2）顧客への付加価値から値段を計算

- A）業務効率化ソフトウェア → 残業を毎月0.5時間削減
- B）残業1時間2,000円×0.5時間＝1,000円のコスト削減
- C）つまり、1,000円以下の値段だったら、顧客はソフトウェアを導入する

収益計画の作成ステップ❽
将来の計画をつくる：過去と比較

次に過去との比較です。将来を予測するために過去の推移を参考にするのはとても重要です（**図表3-35**）。

新しいビジネスを立ち上げるときに作成する収益計画は、たいてい大きく外れます（しかも実績が計画を大きく下回る場合が多く、いかに自分が楽観的な人間だったかということを認識させられます）。**この理由は過去の実績がなく、将来の予測が非常に難しいためです。**裏を返せば、新規ビジネスの場合、さっさとビジネスを立ち上げてしまったほうが、将来の収益を予測する上で重要な実績データを獲得することができるともいえます。

それでは、これを踏まえて次のバリュードライバー「1販売あたり広告費」の計画を策定します。

図表3-35 過去と比較して、将来を予測する

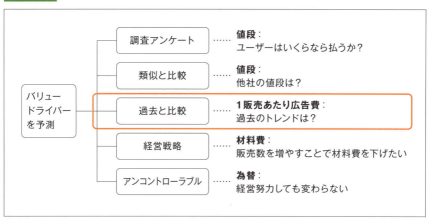

図表 3-36　各バリュードライバーを予測して、将来計画をつくる

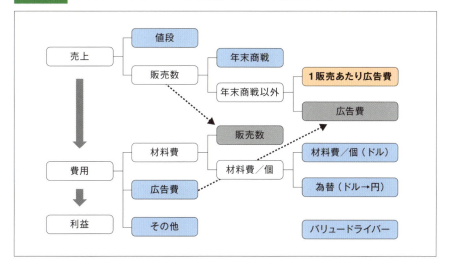

　まず、「1販売あたり広告費」の過去の推移を見ます。ここで非常に重要なポイントは、**数字の推移は折れ線グラフで見る**ということです。ただ並んでいるだけの数字を見ても、その数字が増えているのか、減っているのか、あるいは一時的に増えているのか、いわゆるトレンドがわかりません。
　しかし、折れ線グラフで見れば過去のトレンドを捉えやすくなります。

図表 3-37　過去のトレンドを見るときは、かならず折れ線グラフで見る！

section 10

グラフを出すときは
[Alt]キーを使うのが絶対おすすめ

　過去の推移をグラフで見るには、対象とする数字を選択し、[挿入] →
[折れ線グラフ] を選択すればOKです。しかし、**ぜひここで覚えていただ
きたいのが、折れ線グラフを出すショートカットキー**です。この「グラフで
数字のトレンドを把握する」という作業はとてもよく使います。これをいち
いちマウスを使ってグラフを出していると、作業に時間がかかります。

　折れ線グラフを作るショートカットキー
は [Alt] → [N] → [N] → [Enter] です。
グラフにする数字の範囲を選んでからキー
を順番に押してください。[Alt] キーは、
Windowsキーボードの左下にあります（右
図）。キーボードによっては右下にもあり
ますが、どちらを押してもかまいません。

　拙著「外資系投資銀行のエクセル仕事
術」でも詳しく紹介していますが、**この
[Alt] キーの使い方については、エクセル
でのスピードを向上させる上でとても重要です。**

　[Alt] キーを使ったショートカットキーを使う際に注意すべきポイントが1
つあります。[Alt] キーを押しながら [N] を押すのではなく、**[Alt] →
[N] → [N] → [Enter] と順番に4回押すことです。**

では、実際にグラフを作ってみましょう。「1販売あたり広告費」の行の数字を選択して、[Alt] → [N] → [N] → [Enter] を押して折れ線グラフを出します。

図表 3-38 折れ線グラフを出す

			8月	9月			実績←	→来年計画
							12月	1月
売上		円	400,000	500,000			,100,000	
値段		円	1,000	1,000			1,000	1,100
販売数		個	400	500			1,100	
年末商戦		個	0	0			400	
年末商戦以外		個	400	500			700	
1販売あたり広告費		円	250	300	308	318	300	
費用		円	332,000	422,500	524,250	473,000	689,500	
材料費		円	132,000	172,500	224,250	198,000	379,500	
1個あたり材料費		円	330	345	345	360	345	
1個あたり材料費		ドル	3.0	3.0	3.0	3.0	3.0	
為替(1ドルあたり)		円	110	115	115	120	115	
販売数		個	400	500	650	550	1,100	
広告費		円	100,000	150,000	200,000	175,000	210,000	
その他費用		円	100,000	100,000	100,000	100,000	100,000	
利益		円	68,000	77,500	125,750	77,000	410,500	

図表 3-39 折れ線グラフは、ショートカットで一発！

収益計画を作成する | 第3章　111

1販売あたり広告費の過去のトレンドをグラフで見ると、増加傾向にあることが見て取れますので、将来については毎年1販売あたり10円ずつ増加するものとします。また、8行目の「年末商戦（による販売数増加）」についてはゼロとします。

図表 3-40　1販売あたり広告費は増加させる（10行目）

			10月	11月	実績←｜→来年計画 12月	1月	2月	3月	4月	5月
2	収益計画									
5	売上	円	650,000	550,000	1,100,000					
6	値段	円	1,000	1,000	1,000	1,100	1,100	1,100	1,100	1,100
7	販売数	個	650	550	1,100					
8	年末商戦	個	0	0	400	0	0	0	0	0
9	年末商戦以外	個	650	550	700					
10	1販売あたり広告費	円	308	318	300	310	320	330	340	350
11	費用	円	524,250	473,000	689,500					
12	材料費	円	224,250	198,000	379,500					
13	1個あたり材料費	円	345	360	345					
14	1個あたり材料費	ドル	3.0	3.0	3.0					
15	為替（1ドルあたり）	円	115	120	115					
16	販売数	個	650	550	1,100					
17	広告費	円	200,000	175,000	210,000					
19	その他費用	円	100,000	100,000	100,000					
20	利益	円	125,750	77,000	410,500					

将来の計画をチェックする際のもう1つのポイントは、将来の数字を入力したら、過去と将来の推移を合わせてグラフ化することです（**図表3-41**）。これにより、グラフの**左半分で過去の推移、右半分で将来の推移を見ることができ、過去から将来にかけて違和感がない推移を描いているかチェックできます。**過去が10％程度の成長だったのに対して、特に理由なく将来の成長率が50％になっているとすれば、その成長カーブは違和感があります。

図表3-41　さらに、過去と将来を合わせたグラフで、違和感がないかチェック！

section 11

「木の低いところの果物は採りやすい」という知恵に頼ろう

　ビジネスにおいて、いかに顧客を安いコストで獲得するかというのは大変重要なテーマです。**今回のケースでは、1販売あたり広告費、つまり獲得単価を少しずつ増加させました。**この背景としては、過去の推移を見ると増え続けていたこともありますが、もう1つ知っておきたい視点があります。その獲得コストの予測をする際に使われるLow Hanging Fruitsというマーケティング用語です。

　1本の果物の木があります（**図表3-42**）。この果物を収穫する際には、おそらく手が届く低い位置に生えている果物Aから収穫するでしょう。これはとても簡単に収穫できます。しかし、次の1つの果物Bは、高い位置になりますから、そのためにハシゴが必要になるかもしれません。こうしていくと1つの果物の収穫コストはだんだん上がっていきます。

図表3-42　Low Hanging Fruits（木の低いところの果物は採りやすい）

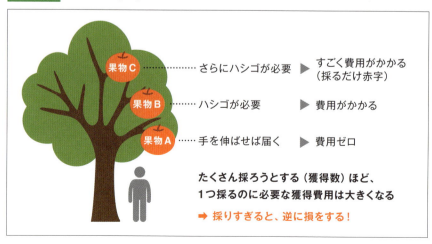

このように、**マーケティングでは「獲得コストの安い顧客から順番に始める」ため、当初の獲得費用は安く、それからだんだんと獲得費用は上がっていく、という予測をするケースが見られます。**さらに、多く採りすぎると1つ採るのに必要な費用が大きくなり、結果として採れば採るほど赤字になるということもあります。

　もちろんマーケティングを進めるほど、さまざまな経験によって獲得コストを下げることも可能ですし、だんだん商品の知名度（ブランド）が上がれば獲得コストも下がっていきます。マーケティング担当者はこの獲得コストの低下を目指すべきですが、どこまで下げられるかについては予測がむずかしく、それらすべてを収益計画に織り込むのは楽観的といえるかもしれません（繰り返しになりますが、収益計画を立てるときには楽観的すぎないように気を付ける必要があります）。

section 12 ホッケー・スティックに要注意

　先ほど「収益計画というのは総じて楽観的な場合が多い」という話をしましたが、ここでホッケー・スティックという用語を紹介します。

　過去5年間ずっと売上は下降していたにもかかわらず、その現実に直面することなく「もっと営業をがんばれる（はず）」「もっと値段も上げられる（はず）」といった楽観的な前提条件を置いた結果、急に売上が改善する計画になってしまうことです。この折れ線グラフの形がホッケーのスティックに似ていることから、このように呼ばれています。

　前述の通り、**過去の推移と将来の予測を合わせてグラフ化することで、ホッケー・スティックが見つかることがあり、将来の予測が楽観的すぎないかチェックできます。**

図表 3-43　ホッケー・スティック

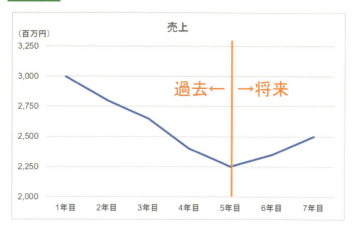

section 13 収益「予測」を収益「計画」にレベルアップさせるには

　ここまで、類似企業と比較、あるいは過去の推移を見ながら将来を予測するという考え方を紹介しました。ところが、これだけでは単なる「客観的な事実だけを見て将来を予測しているだけにすぎない」収益計画になってしまいます。

　収益計画とは、過去や他社の数字を比較して将来を予測するだけでは不十分です。**この数字は大きく成長させたい、あるいはこの費用をもっと抑えたいといった経営戦略、すなわち経営者の『意思』が反映されていなければなりません。**

図表 3-44　経営戦略をバリュードライバーに反映させる

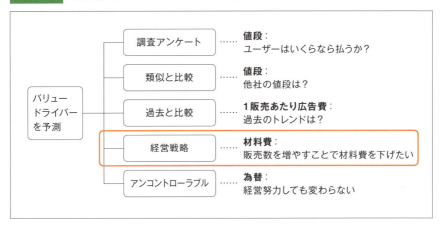

今回は、販売数を増やすという戦略の下、「1個あたり材料費」については、販売数を増やすことで材料費を下げる（という戦略）とします。また、「広告費」も増加させることを考えてみます。

図表 3-45　各バリュードライバーを予測して、将来計画をつくる

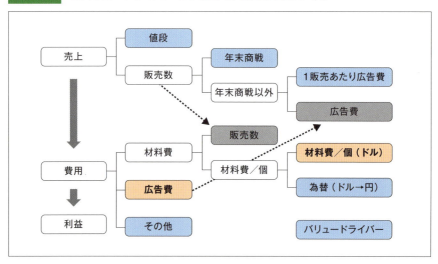

図表 3-46　今回のケーススタディにおける経営戦略

（1）収益計画は、単なる予測だけではなく経営戦略（何をがんばるか）を反映

　A）今年は材料費を下げたい（3ドル→2.5ドル）

　　a. 販売数を増やせば、そのぶん材料費を下げられる（＝ボリュームディスカウント）
　　b. 販売数を増やすために、広告費を毎月30,000円多く投下する

（2）他にも、例えば……

　A）年末商戦にキャンペーンを打って、販売数を1.5倍にしたい
　B）マーケティングを改善して、広告費を下げながら販売数を増やしたい
　C）新規ビジネスをやりたい

図表3-47のエクセル財務モデルで、1個あたり材料費は3.0ドルから2.5ドルに下げます（14行目）。また、広告費については毎月30,000円ずつ増加させることにします（18行目）。ここで広告費も前月からの増加分を加えます（17行目）。

図表 3-47　エクセル財務モデル

	A B C D	E	F	I	J	K	L	M	N	O	P
1											
2	収益計画										
3						実績←	→来年計画				
4				10月	11月	12月	1月	2月	3月	4月	5月
5	売上		円	650,000	550,000	1,100,000					
6	値段		円	1,000	1,000	1,000	1,100	1,100	1,100	1,100	1,100
7	販売数		個	650	550	1,100					
8	年末商戦		個	0	0	400	0	0	0	0	0
9	年末商戦以外		個	650	550	700					
10	1販売あたり広告費		円	308	318	300	310	320	330	340	350
11	費用		円	524,250	473,000	689,500					
12	材料費		円	224,250	198,000	379,500					
13	1個あたり材料費		円	345	360	345					
14	1個あたり材料費		ドル	3.0	3.0	3.0	2.5	2.5	2.5	2.5	2.5
15	為替(1ドルあたり)		円	115	120	115					
16	販売数		個	650	550	1,100					
17	広告費		円	200,000	175,000	210,000	240,000	270,000	300,000	330,000	360,000
18	前月からの増加		円				30,000	30,000	30,000	30,000	30,000
19	その他費用		円	100,000	100,000	100,000					
20	利益		円	125,750	77,000	410,500					

これ以外にも、たとえば

「年末商戦にキャンペーンを打ちたいので広告費を多めに見ておこう」
「来年は新規ビジネスをやりたいので、それも来年の予算に入れたい」といった新たなアイデアも、収益計画に入れておきます。

また、具体的なアイデアがなくても「来年は何か新しいことを始めたいので、とりあえず○○億円を挑戦予算として見ておこう」といったように、いくらかの売上または費用を見積もることもあります。

section 14 経営戦略にケース分析を活用する

　前章では、**CHOOSE関数を使ったケース分析方法について解説しましたが、収益計画の策定において経営戦略とケース分析には密接な関係があります。**

　経営戦略を収益計画に反映させる……といっても将来の予測が難しいものと簡単なものがあります。たとえば新規ビジネスを立ち上げるといっても、それがどれくらいの売上につながるか分かりません。一方で、先ほどの材料費の値下げについては、新規ビジネスに比べると予測しやすそうです。

　このような場合、将来予測しやすい戦略（材料費の値下げ）についてはすべてのケースに入れて、将来予測しにくい戦略（新規ビジネスの立ち上げ）は、楽観ケースだけに入れておきます。 これにより、確実性が高い普通ケースの売上目標を社内では「達成必須＝ノルマ」とし、一方で楽観ケースについては「可能性は高くないが、がんばって実現したい目標＝クリアしたらボーナスをたくさん出す水準」などと分けることができます。

図表 3-48　経営戦略とケース分析

（1）経営戦略の「確実性」とケース分析は密接な関係

A）材料費の値下げは見込める　➡　すべてのケースに入れる
B）新規ビジネスの成功は不確実　➡　楽観ケースだけに入れる

経営戦略	悲観ケース	普通ケース	楽観ケース
材料費の値下げ	入れる	入れる	入れる
新規ビジネス	入れない	入れない	入れる
リストラ	入れる	入れない	入れない

section 15 アンコントローラブルなものはどうする？

　最後のバリュードライバーは「為替（ドル→円）」と「その他」です（**図表3-49**）。まず為替ですが、これは企業努力で変えられるものではありません（もちろん為替変動リスクを抑える金融戦略もありますが）。このようなコントロールできない項目を「アンコントローラブル」と呼びます。ほかにも法人税率や消費税率もアンコントローラブルです（次ページ**図表3-50**）。

図表3-49 **各バリュードライバー**を予測して、将来計画をつくる

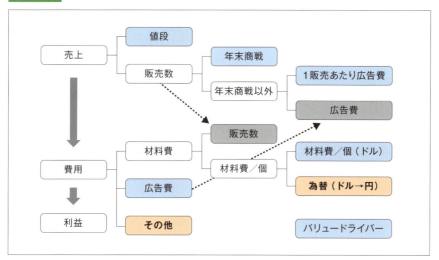

収益計画を作成する｜第3章　121

図表 3-50　将来の計画をつくる

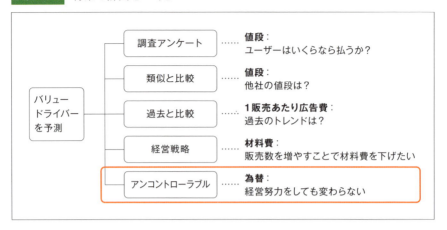

　税率は基本的には変わらないので、過去の実績値をそのまま将来計画にも使用します。今回の為替の予測は、過去の実績をそのまま使うか、あるいは外部のリサーチ会社のレポートを参考にして少し円高（あるいは円安）にするといったこともあります。

　ここでもう1つ知っておいていただきたいのが、**コントロールできない、予測できないからこそ保守的に見込む**という考え方もあるということです。今回のケースでは為替が円安になると材料費が高騰します。そこで過去のトレンドが1ドル＝115円なら、円安になる（利益が圧迫される）と保守的に想定して、計画上は1ドル125円にしておく、といった具合です。

　繰り返しになりますが、計画は楽観的になることが多く、そうするとその計画を達成するのが大変になります。また、予期せぬトラブル（開発スケジュールが遅れるなど）が起きて売上が想定より伸びなかったということもよくあります。このような事態に備えて、**一部の数値を保守的にしておく**「**計画に貯金を作っておく**」という判断をするケースも多く見られます。

図表 3-51　アンコントローラブル項目とは

＝自分の意思でコントロールできない項目

(1) 税率

　A) 法人税：30%
　B) 消費税：10%

(2) 為替

　A) 将来予測は、たとえば過去12ヵ月の平均を使う
　B) もちろん外部のリサーチ会社を使うことも
　C) 予測できないからこそ、保守的に見込むという判断も
　　a.「計画に貯金をつくる」

今回は為替を1ドル125円として、「その他費用」は過去の数値を使います。

図表 3-52　為替とその他費用を入力

	項目	単位	10月	11月	12月	1月	2月	3月	4月	5月
	収益計画				実績←	→来年計画				
5	売上	円	650,000	550,000	1,100,000					
6	値段	円	1,000	1,000	1,000	1,100	1,100	1,100	1,100	1,100
7	販売数	個	650	550	1,100					
8	年末商戦	個	0	0	400	0	0	0	0	0
9	年末商戦以外	個	650	550	700					
10	1販売あたり広告費	円	308	318	300	310	320	330	340	350
11	費用	円	524,250	473,000	689,500					
12	材料費	円	224,250	198,000	379,500					
13	1個あたり材料費	円	345	360	345					
14	1個あたり材料費	ドル	3.0	3.0	3.0	2.5	2.5	2.5	2.5	2.5
15	為替(1ドルあたり)	円	115	120	115	125	125	125	125	125
16	販売数	個	650	550	1,100					
17	広告費	円	200,000	175,000	210,000	240,000	270,000	300,000	330,000	360,000
18	前月からの増加	円				30,000	30,000	30,000	30,000	30,000
19	その他費用	円	100,000	100,000	100,000	100,000	100,000	100,000	100,000	100,000
20	利益	円	125,750	77,000	410,500					

収益計画を完成させる

　ここまで、バリュードライバー（**図表3-53**の青色の部分）を入力しました。

　あとは右→左に向かって1つずつ計算していけば（オレンジ色）、収益計画は完成です。

図表 3-53　右 → 左の列に向かって数字を計算していけばモデル完成！

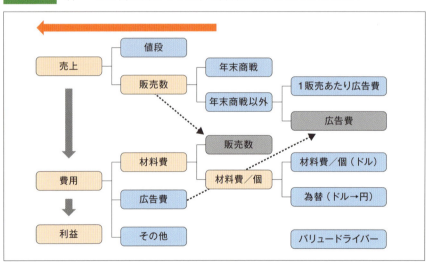

さっそくやってみましょう。最初はD列の項目です。それぞれ下記の式になります。

- セルD9：販売数（年末商戦以外）＝広告費÷1販売あたり広告費
- セルD13：1個あたり材料費＝1個あたり材料費（ドル）×為替（円／ドル）

なお、正確には販売数が774.2と小数が含まれています。本来は、販売数は1個単位、つまり整数になるように修正する必要がありますが、本書では省略します。

図表3-54 右→左（D列→B列）へ計算する（1）D列

			10月	11月	12月	実績←→来年計画 1月	2月	3月	4月	5月
2 収益計画										
5 売上		円	650,000	550,000	1,100,000					
6 値段		円	1,000	1,000	1,000	1,100	1,100	1,100	1,100	1,100
7 販売数		個	650	550	1,100					
8	年末商戦	個	0	0	400	0	0	0	0	0
9	年末商戦以外	個	650	550	700	774	844	909	971	1,029
10	1販売あたり広告費		308	318	300	310	320	330	340	350
11 費用		円	524,250	473,000	689,500					
12	材料費	円	224,250	198,000	379,500					
13	1個あたり材料費	円	345	360	345	313	313	313	313	313
14	1個あたり材料費	ドル	3.0	3.0	3.0	2.5	2.5	2.5	2.5	2.5
15	為替(1ドルあたり)	円	115	120	115	125	125	125	125	125
16	販売数	個	650	550	1,100					
17	広告費	円	200,000	175,000	210,000	240,000	270,000	300,000	330,000	360,000
18	前月からの増加	円				30,000	30,000	30,000	30,000	30,000
19	その他費用	円	100,000	100,000	100,000	100,000	100,000	100,000	100,000	100,000
20 利益		円	125,750	77,000	410,500					

続いて1つ左、C列の項目を計算します。式は次のとおりです。

- セルC7：販売数＝販売数（年末商戦）＋販売数（年末商戦以外）
- セルC12：材料費＝1個あたり材料費×販売数

図表3-55　右→左（D列→B列）へ計算する（2）C列

	項目	単位	10月	11月	12月	1月	2月	3月	4月	5月
					実績←→来年計画					
売上										
	値段	円	1,000	1,000	1,000	1,100	1,100	1,100	1,100	1,100
	販売数	個	650	550	1,100	774	844	909	971	1,029
	年末商戦	個	0	0	400	0	0	0	0	0
	年末商戦以外	個	650	550	700	774	844	909	971	1,029
	1販売あたり広告費	円	308	318	300	310	320	330	340	350
費用		円	524,250	473,000	689,500					
	材料費	円	224,250	198,000	379,500	241,935	263,672	284,091	303,309	321,429
	1個あたり材料費	円	345	360	345	313	313	313	313	313
	1個あたり材料費	ドル	3.0	3.0	3.0	2.5	2.5	2.5	2.5	2.5
	為替(1ドルあたり)	円	115	120	115	125	125	125	125	125
	販売数	個	650	550	1,100	774	844	909	971	1,029
	広告費	円	200,000	175,000	210,000	240,000	270,000	300,000	330,000	360,000
	前月からの増加	円				30,000	30,000	30,000	30,000	30,000
	その他費用	円	100,000	100,000	100,000	100,000	100,000	100,000	100,000	100,000
利益		円	125,750	77,000	410,500					

最後に、いちばん左のB列の項目を計算します。

- セル B5：売上＝値段×販売数
- セル B11：費用＝材料費＋広告費＋その他費用
- セル B20：利益＝売上－費用

図表 3-56　右→左（D列→B列）へ計算する（3）B列

			10月	11月	12月	1月	2月	3月	4月	5月
	収益計画				実績←	→来年計画				
売上		円	650,000	550,000	1,100,000	851,613	928,125	1,000,000	1,067,647	1,131,429
	値段	円	1,000	1,000	1,000	1,100	1,100	1,100	1,100	1,100
	販売数	個	650	550	1,100	774	844	909	971	1,029
	年末商戦	個	0	0	400	0	0	0	0	0
	年末商戦以外	個	650	550	700	774	844	909	971	1,029
	1販売あたり広告費	円	308	318	300	310	320	330	340	350
費用		円	524,250	473,000	689,500	581,935	633,672	684,091	733,309	781,429
	材料費	円	224,250	198,000	379,500	241,935	263,672	284,091	303,309	321,429
	1個あたり材料費	円	345	360	345	313	313	313	313	313
	1個あたり材料費	ドル	3.0	3.0	3.0	2.5	2.5	2.5	2.5	2.5
	為替(1ドルあたり)	円	115	120	115	125	125	125	125	125
	販売数	個	650	550	1,100	774	844	909	971	1,029
	広告費	円	200,000	175,000	210,000	240,000	270,000	300,000	330,000	360,000
	前月からの増加	円				30,000	30,000	30,000	30,000	30,000
	その他費用	円	100,000	100,000	100,000	100,000	100,000	100,000	100,000	100,000
利益		円	125,750	77,000	410,500	269,677	294,453	315,909	334,338	350,000

これですべての数値を入力・計算できました。

section 17 収益計画の妥当性をチェックする

　収益計画が完成したら、その計画の妥当性についてもチェックします。**もっとも分かりやすい計画の妥当性は、市場規模との比較です。**

　たとえば20代女性をターゲットとする商品を販売する場合、その利用者数が20代女性の人口を上回る計画となっていたら、それは非現実的といえるでしょう。

　また、成長速度にも注意したいところです。介護市場が毎年10％成長しているのに、その介護ビジネスの売上成長が毎年3％という目標を設定していると、それは保守的な印象を受けます。

　そして類似企業比較です。類似企業の売上が毎年10％成長しているのに対して自社の計画が40％成長となっているとアグレッシブすぎる（楽観的すぎる）印象を受けます。

　このように、**計画策定後は、市場規模や類似企業と比較することで、自社の計画が現実的か判断します。**

図表 3-57 収益計画の策定ステップ

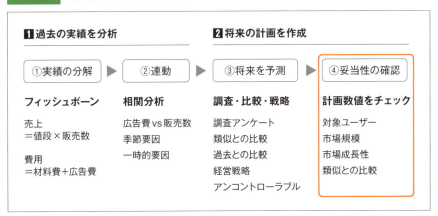

図表 3-58 計画の妥当性をチェック

(1) 対象ユーザー数、市場規模との比較

20代女性をターゲット ⇔ その人口を上回る獲得計画
➡ 非現実的では？

(2) 市場規模の成長との比較

介護市場は毎年10%成長 ⇔ 毎年3%の売上成長
➡ 保守的すぎる？

(3) 類似との比較

他社は毎年10%の売上成長 ⇔ 40%成長を目指す
➡ アグレッシブすぎる？

大手通信企業の収益シミュレーション研修事例

　私が研修を担当した大手通信企業では、通信事業だけではなくスマートフォン用のアプリ開発・配信も行っています。この社員向けに行った、収益シミュレーションの研修について紹介します。

　この研修は、日本で展開しているスマートフォン向け料理レシピ動画サービス（架空ビジネス）の将来収益を予測するというものでした。**立ち上げたばかりの新規事業の将来収益を予測する場合、過去の成長推移がわからず将来予測がしにくいため、市場規模から収益目標を設定します。**そうすると、どの市場（顧客）を狙うかによって市場規模は大きく変わってきます。

　各チームでは市場規模について議論すると、たとえば「ターゲットを女性だけではなく男性にも広げるべき」あるいは「スマートフォンを頻繁に利用する20代～40代だけではなく、50代～60代まで使用してもらえるように広告を展開すべきだ」といったアイデアが出てきます。さらに議論を広げ、この料理レシピ動画を使って料理教室を展開すればいいのでは、といった市場規模を広げるアイデアも出てきます。しかしこのような展開では、拡大できる市場規模は数十％～数倍といったところでしょう。

　こうした議論の中で、**あるチームが「海外展開をしたらどうか？」という思い切ったアイデアを出しました。**レシピ動画の字幕を日本語から英語にするだけで、対象となる人口は1億人（日本の人口）から10億人以上（英語圏の人口）へと一気に10倍に拡大します。さらに中国語でも展開して、中国の人口10億人も狙えれば合計20億人となります。**このように市場規模を考えるときは「思い切って大きく考える」のが重要です。**

section 18 収益計画の根拠をしっかり書く

　収益計画が完成したら、いちばん右の列に、それぞれのバリュードライバーの根拠を書いておくと、あとで「この数値をなぜ増加するような計画にしたのか？」と思い出したいときに役立ちます。

　ここで大事なポイントは、**計画の根拠はできるだけ具体的に書くことです**。たとえば「過去のトレンドを参考にした」と書いても、具体的にどのように参考にしたのか分かりません。これに対し「過去5ヵ月間の平均とする」と書いておけば、実際にその計算になっているのかチェックすることもできます。

図表 3-59 計画の根拠は具体的に！

			10月	11月	実績←|→来年計画 12月	1月	2月	3月	4月	5月	計画根拠
収益計画											
売上		円	650,000	550,000	1,100,000	851,613	928,125	1,000,000	1,067,647	1,131,429	
値段		円	1,000	1,000	1,000	1,100	1,100	1,100	1,100	1,100	アンケートより
販売数		個	650	550	1,100	774	844	909	971	1,029	
年末商戦		個	0	0	400	0	0	0	0	0	年末商戦なし
年末商戦以外		個	650	550	700	774	844	909	971	1,029	
1販売あたり広告費		円	308	318	300	310	320	330	340	350	毎月10円ずつ上げていく
費用		円	524,250	473,000	689,500	581,935	633,672	684,091	733,309	781,429	
材料費		円	224,250	198,000	379,500	241,935	263,672	284,091	303,309	321,429	
1個あたり材料費		円	345	360	345	313	313	313	313	313	
1個あたり材料費		ドル	3.0	3.0	3.0	2.5	2.5	2.5	2.5	2.5	販売数増加による値下げ
為替（1ドルあたり）			115	120	115	125	125	125	125	125	保守的に125円/ドル
販売数		個	650	550	1,100	774	844	909	971	1,029	
広告費		円	200,000	175,000	210,000	240,000	270,000	300,000	330,000	360,000	
前月からの増加		円				30,000	30,000	30,000	30,000	30,000	毎月3万円ずつ増加
その他費用		円	100,000	100,000	100,000	100,000	100,000	100,000	100,000	100,000	17年12月と同じ
利益		円	125,750	77,000	410,500	269,677	294,453	315,909	334,338	350,000	

収益計画を作成する｜第3章

section 19 ボトムアップ・アプローチ vs トップダウン・アプローチ

　これまでご紹介してきた収益計画の作り方は、まずバリュードライバーを予測し、次に残りの項目を計算して売上・費用・利益まで計算していく方法で、これをボトムアップ・アプローチと本書では呼びます。

　ボトムアップ・アプローチの良いところは、それぞれのバリュードライバーの現場の責任者（たとえば販売数であれば営業責任者）が、自分の経験をもって「これくらいなら実現可能だろう」という目標を設定することができます。一方、どうしても**現場は実現可能なレベルを目標とするため、現実的（場合によっては保守的）** な目標になることも多いように感じます。

図表 3-60　ボトムアップ：バリュードライバー（青）から
　　　　　　売上〜利益（オレンジ）を計算する

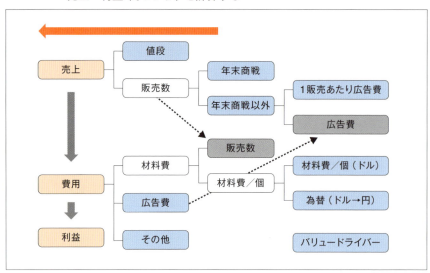

一方、**もう1つ別のアプローチがあります。先に売上と費用の目標を決めてしまい、その目標を達成するために必要なバリュードライバーを計算する方法です。これをトップダウン・アプローチと呼びます。**

たとえば、新規ビジネスの収益計画を作る場合、参考となる過去の実績がないので、細かいバリュードライバーを予測するのはかなり困難です。このため、トップの「売上〇〇億円を目標にするぞ！」という鶴の一声で決めてしまい、それに必要な販売数などを営業責任者が考えることがあります。これがトップダウン・アプローチです。**このようなケースでは、実現可能性よりも「この数字を目指したい」というトップの強烈な意思が先行しているため、やや理想的（楽観的）な数字になることが多いようです。**

図表 3-61　トップダウン：売上～利益（オレンジ）から
　　　　　　バリュードライバー（青）を計算する

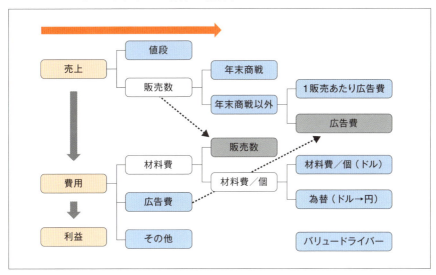

収益計画を作成する ｜ 第3章　133

第4章

収益計画をプレゼンする

ビジネス・シミュレーションは
正しく伝わるかどうかが大事

収益計画ができたら、必ず、グラフ&パワーポイントで「魅せる」こと

　これまで、エクセルを使った収益計画の作り方を解説しました。今回は、その計画を上司などに説明する際の「数字の見せ方」について説明します。

　大事なポイントは、人は単純に並んでいるだけの数字だけ見ても、よく理解できないということ。たとえば、あなたが以下のエクセル表（収益計画）を上司に見せて、「この計画、どう思われますか？」と聞いても、おそらく上司は「ごめん、どこを見ればいいのかよくわからない……君が伝えたいポイントは何？」と言うでしょう。

図表 4-1　エクセル表だけ見せられても、ポイントがわからない

収益計画ベース		1年目	2年目	実績←｜→計画 3年目	4年目	5年目	6年目
売上	百万円	75.0	120.3	187.2	263.9	340.3	455.6
会員数	千人	25.0	37.0	52.0	75.4	104.7	140.2
新規会員数	千人	10.0	12.0	15.0	23.4	29.3	35.5
新規会員獲得費用	千円／人	1.5	1.9	1.8	2.0	2.3	2.4
会員あたり年間売上	千円	3.0	3.3	3.6	3.5	3.3	3.3
売上原価	百万円	27.0	41.0	56.4	84.4	108.9	145.8
原価率	%	36.0%	34.1%	30.1%	32.0%	32.0%	32.0%
粗利益	百万円	48.0	79.3	130.8	179.5	231.4	309.8
広告宣伝費	百万円	15.0	22.5	27.0	46.8	66.0	85.1
／前年度の売上	%	N/A	30.0%	22.5%	25.0%	25.0%	25.0%
固定費	百万円	32.0	48.0	67.0	83.5	107.5	131.5
人件費	百万円	25.0	40.0	55.0	66.0	82.5	99.0
従業員数	人	5.0	7.0	10.0	12.0	15.0	18.0
1人あたり人件費	百万円	5.0	5.7	5.5	5.5	5.5	5.5
賃借料	百万円	5.0	5.0	7.0	10.0	15.0	20.0
その他費用	百万円	2.0	3.0	5.0	7.5	10.0	12.5
営業利益	百万円	1.0	8.8	36.8	49.2	58.0	93.2

　収益計画は、必ず「グラフとパワーポイントで説明する」ことが基本です。単純に並んでいるだけの数字を分かりやすく理解してもらうために、どのようにグラフとパワーポイントを活用していくのか、そのプレゼンの「魅せ方」について説明します。

section 2 目次をつくる
プレゼン冒頭で全体像を伝える

　プレゼンの初めに、目次を作成します。冒頭で今回の収益計画の構成を伝えることで、聞き手は「ああ、固定費の説明は最後にあるのか。では固定費に関する質問はその後にしよう」とイメージすることができます。

　さらに、ページが多いプレゼンの場合、**各パートを説明するタイミングで、目次を繰り返して表示しておくと、聞き手は「いまはプレゼン全体の真ん中あたりを説明しているのだな。終わるのはあと10分くらいかな」と理解することができます。**

図表 4-2　目次でプレゼンの全体ストーリーを伝える

目次
1. **収益構成、事業環境および経営戦略** 2. サマリー：売上、営業利益 3. 売上①：会員数、広告宣伝費 4. 売上②：会員あたり年間売上 5. 売上原価 6. 固定費 7. 前提条件 8. 補足資料（各ケースの収益計画詳細）

収益構成、重要指標、各ケースを説明する

収益計画プレゼンを行うにあたり、前提となる収益構成を説明します。

図表 4-3　収益構成

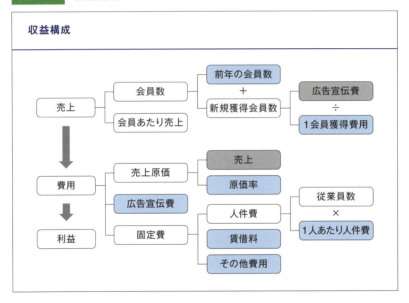

次に、この収益構成に至った背景を説明します。収益構成とはすなわち、「どういう指標をバリュードライバーにしているか」を説明するものです。**このバリュードライバーが重要だと考えている背景、たとえば事業環境や自社の経営戦略などを明確にし、「○○という状況、経営戦略なので、××という指標が重要です」**と伝えます。

図表 4-4　重要指標は、事業環境、経営戦略とセットで説明！

そして、各ケースの前提条件を記載します。収益計画を作成する際には、2～3ケースを作ることが多いです。各ケースが、どのような前提条件に基づいて作成されているかを明示します。

図表 4-5　各ケースの前提条件

収益計画をプレゼンする｜第4章　139

サマリー（売上、利益）を見せておく

　収益計画プレゼンでは、最初にサマリーのスライドを見せます。聞き手の一番の関心は「で、いくら儲かるの？」なので、サマリーのスライドではケース別の売上、利益を早い段階で見せます。

図表 4-6　目次

目次
1. 収益構成、事業環境および経営戦略
2. **サマリー：売上、営業利益**
3. 売上①：会員数、広告宣伝費
4. 売上②：会員あたり年間売上
5. 売上原価
6. 固定費
7. 前提条件
8. 補足資料（各ケースの収益計画詳細）

　ここで聞き手（上司、経営陣など）に「なるほど、来年の計画は〇〇億円の黒字を目指すのか。目標としては妥当だな」と納得してもらえるといいのですが、冒頭から「そんなに低い目標でいいのか！」と言われてしまうと、その後のプレゼンが苦しくなります。**売上・利益といった大きな目標だけでも、プレゼンの前に聞き手と合意しておくと議論がスムーズ**です。

また、サマリーでは悲観ケース、楽観ケースそれぞれの売上・利益について説明します。楽観ケースについては、広告宣伝費を増やしながら、それ以上に売上が増加するため利益も増えるという理想的な計画です。これを見ると聞き手はおそらく「じゃあ売上が減少したとき、広告宣伝費はそのままにするのか？　赤字になるぞ」という懸念を持つはずです。それを見越して、「悲観ケースでは、売上が減少することを想定して、その場合には広告宣伝費を抑えるので、しっかり利益は確保できます」と説明します。これによって「売上が減少しているのに広告宣伝をバンバン展開して赤字になるようなことはしませんよ」というメッセージを伝えて相手に安心感を与えるようにするわけです。

　このように、楽観ケースで大きな売上成長を目指す「成長への意思」を伝えながら、悲観ケースで売上が伸びなかった場合にもしっかり利益をコントロールするという「冷静に判断する姿勢」を示してバランスを取ることが重要です。

図表 4-7　サマリーで、「成長への意思」と「冷静に判断する姿勢」をアピール

収益計画をプレゼンする ｜ 第 4 章　141

section 5

会員数、広告宣伝費を
セットで説明する

つづいて、売上の要因の1つである会員数です。

ポイントは、「**広告宣伝費をかけるほど会員数を急激に増やすことができる**」ということなので、この2つの数字を合わせて1つのグラフで見せます（図表4-9、4-10）。これは2軸グラフと呼ばれるグラフで、縦棒グラフ（左軸）を広告宣伝費、折れ線グラフ（右軸）が会員数となります。

図表 4-8　収益構成

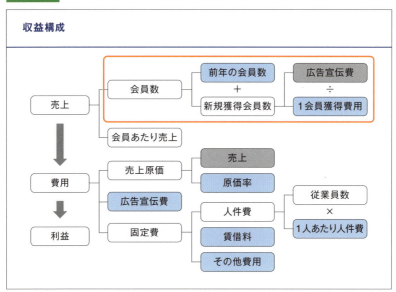

図表 4-9　広告宣伝費＆会員数（6年目）

広告宣伝費＆会員数（6年目）

(1) これまでの年間広告費は前年売上の22.5～30%
(2) 悲観ケースの広告宣伝費は前年売上の15%（25百万円）まで抑える
(3) 普通ケースの広告宣伝費は前年売上の25%（85百万円）と過去実績と同水準を維持

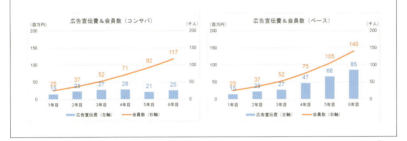

図表 4-10　広告宣伝費＆会員数（6年目）

広告宣伝費＆会員数（6年目）

(4) 楽観ケースは、広告宣伝費を前年売上の35%（165百万円）まで引き上げ、テレビCMなど新たな広告宣伝の展開によって会員数170千人を目指す

section 6

会員あたり売上
他社との比較をグラフで伝える

　次は、売上のもう1つの要因である「会員あたり売上」です。前章で解説した「過去との比較」や「類似サービスとの比較」を行ったスライドを使います。

図表 4-11　収益構成

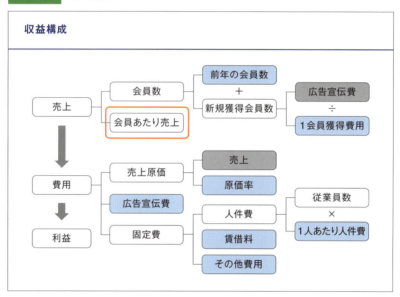

以下の**図表4-12**のスライドの左のグラフが、**過去の推移**を見ながら作った将来の計画値です。売上はこれまで増加傾向でしたが、これから競争が激しくなることを想定して、ベースケースでも低下する見込みにしています。

　スライドの右のグラフは**競合との比較**を示しています。これを見ると、他社にくらべて売上は高めになっているので、今は「うまくいきすぎている」という状況であると判断し、保守的な見通しとしています。

図表4-12　会員あたり年間売上を、過去の推移と競合との比較で表現

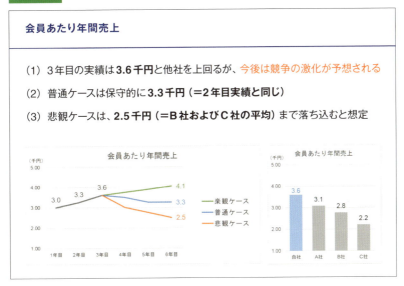

売上原価
ボリュームディスカウントが効くか

　売上原価も、過去の推移を見ながら将来値を作成しています。売上原価は売上と連動するので、多くの場合、原価率（売上原価÷売上）をバリュードライバーにします。

　原価率については、**図表4-14**のグラフの過去推移（グレーの線）を見ると、原価率が下がっています。これは一般的にボリュームディスカウントと呼ばれており、販売数が増えれば、それだけ仕入れコストも下がるためです。

　もちろん、このような話は業界によって大きく変わります。たとえばアパレル業界では、暖冬だったためにコートが売れず、大幅に割引をして販売した結果、原価率が上がってしまった、ということもあります。
　今回のケースでは、過去は原価率が低下（改善）していたものの、今後の見通しは不確実なので、過去平均を将来の計画に使います。

　また、このプレゼンでは費用についてはケース分け（悲観、普通、楽観）していません。ケース分けは重要な数字あるいはブレが大きいと見込まれる数字だけで問題ありません。すべての数値をケース分けするのはかなりの労力が必要になります。

図表 4-13 収益構成

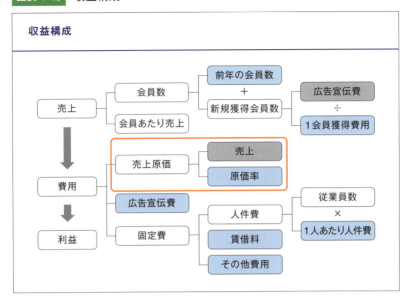

図表 4-14 売上原価は、過去の平均を使う

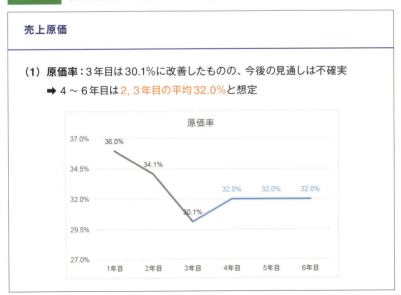

収益計画をプレゼンする | 第4章 147

section 8 固定費
グラフとメッセージの並べ方

　最後に固定費です。固定費といっても、人件費や賃借料などいろいろありますので内訳もしっかり説明する必要があります。ここで使うのが「積み上げ縦棒グラフ」です。

図表 4-15　収益構成

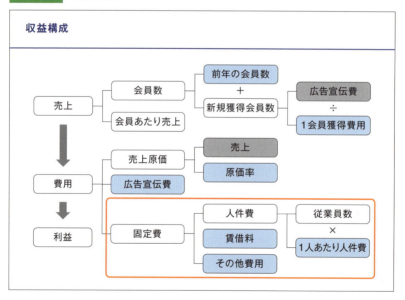

以下の**図表4-16**で使われている積み上げ縦棒グラフの良いところは、固定費の合計の推移（増加傾向）も見せながら、その内訳も見られることです。**このグラフを見ると、固定費の増加の要因は人件費であることが一目で分かります。**

　なお、収益計画プレゼンの各スライドは、グラフとメッセージを並べるのが基本です。これまでのスライドでは、上側にメッセージ、下にグラフを配置していましたが、今回のスライドでは左側にグラフ、右側にメッセージを配置します。**上下に並べるか、左右に並べるかは、グラフの大きさや文章の長さによって判断します。**

図表 4-16　積み上げ縦棒グラフは、合計と内訳の両方を見せるのに効果的！

　ここまでで収益計画プレゼンテーションの本編は完成です。本編スライドの後に補足資料として「前提条件」と「各ケースの収益計画詳細」を記載します。

前提条件
プレゼンの最後に記載しておくこと

　このスライドは、細かい数字の定義について説明したものです。たとえば社員数に契約社員は含まれているのか、といったものです。これをいちいち本編スライドに入れてしまうと、スライド全体がごちゃごちゃして読みにくくなってしまいます。そのため、プレゼンテーションの最後にまとめて記載します。

　この前提条件のポイントは「とにかく細かく、具体的に書く」ということです。

　前提条件の定義によって、数字が大きく変わる場合があります。先ほどの社員数にしても、アルバイトを含めなければ100名ですが、含めると300名になる場合、その社員数の定義はとても大事になります。また、前提条件を明確にするというのは、この収益計画およびプレゼンを作成したあなた自身を守る役割もあります。たとえば聞き手（上司）が「社員数はアルバイトが含まれていないと思っていた！　聞いてないよ！」とクレームをあなたに言ってきても、きちんと前提条件に明確に示しておけば、「いえ、前提条件のところに書いてありますから」ときっぱり反論することができます。

　数字をつくるときには、その数字の前提条件を明確にする（ブラックボックスにしない）というのはとても大事なポイントです。実際に投資銀行業界でも、様々な前提条件を元にM&Aの買収価格を計算し、クライアントに提案しますが、その前提条件について非常に細かく書いてあります。これは、それぞれ数字の定義の理解の相違、トラブルが起きないようにするための手段といえます。

図表 4-17 目次

目次
1. 収益構成、事業環境および経営戦略 2. サマリー：売上、営業利益 3. 売上①：会員数、広告宣伝費 4. 売上②：会員あたり年間売上 5. 売上原価 6. 固定費 **7. 前提条件** 8. 補足資料（各ケースの収益計画詳細）

図表 4-18 前提条件

前提条件
（1）売上原価 　A）仕入れ費用およびシステム運営費 **（2）固定費** 　A）社員数は、正社員および契約社員のみ 　　a. アルバイトは、その他費用に含まれる 　B）賃借料には、水道光熱費も含まれる 　C）外注費は、その他費用に含まれる

収益計画をプレゼンする | 第 4 章

section 10 補足資料
収益計画の詳細は、エクセル表でまとめる

　最後に記載するのは収益計画の詳細です。これまで数字をグラフで示しましたが、より細かく数字をチェックしたいという場合に備えて、表にした収益計画の詳細をまとめて記載します。

　また、エクセルの表やグラフをパワーポイントに貼り付けるときは、そのままコピーして貼り付けるとフォーマットが崩れてしまいます。そこで、貼り付ける際に［ホーム］→［貼り付け］→［形式を選択して貼り付け］から［図］として貼り付けます。

図表 4-19　目次

目次

1. 収益構成、事業環境および経営戦略
2. サマリー：売上、営業利益
3. 売上①：会員数、広告宣伝費
4. 売上②：会員あたり年間売上
5. 売上原価
6. 固定費
7. 前提条件
8. 補足資料（各ケースの収益計画詳細）

図表 4-20　補足資料：収益計画詳細（悲観ケース）

収益計画（悲観ケース）

収益計画
コンサバ

		1年目	2年目	実績←|→計画 3年目	4年目	5年目	6年目
売上	百万円	75.0	120.3	187.2	212.2	252.8	293.0
会員数	千人	25.0	37.0	52.0	70.7	91.9	117.2
新規会員数	千人	10.0	12.0	15.0	18.7	21.2	25.3
新規会員獲得費用	千円／人	1.5	1.9	1.8	1.5	1.0	1.0
会員あたり年間売上	千円	3.0	3.3	3.6	3.0	2.8	2.5
売上原価	百万円	27.0	41.0	56.4	67.9	80.9	93.8
原価率	%	36.0%	34.1%	30.1%	32.0%	32.0%	32.0%
粗利益	百万円	48.0	79.3	130.8	144.3	171.9	199.3
広告宣伝費	百万円	15.0	22.5	27.0	28.1	21.2	25.3
／前年度の売上	%	N/A	30.0%	22.5%	15.0%	10.0%	10.0%
固定費	百万円	32.0	48.0	67.0	83.5	107.5	131.5
人件費	百万円	25.0	40.0	55.0	66.0	82.5	99.0
従業員数	人	5.0	7.0	10.0	12.0	15.0	18.0
1人あたり人件費	百万円	5.0	5.7	5.5	5.5	5.5	5.5
賃借料	百万円	5.0	5.0	7.0	10.0	15.0	20.0
その他費用	百万円	2.0	3.0	5.0	7.5	10.0	12.5
営業利益	百万円	1.0	8.8	36.8	32.7	43.2	42.5

図表 4-21　補足資料：収益計画詳細（普通ケース）

収益計画（普通ケース）

収益計画
ベース

		1年目	2年目	実績←|→計画 3年目	4年目	5年目	6年目
売上	百万円	75.0	120.3	187.2	263.9	340.3	455.6
会員数	千人	25.0	37.0	52.0	75.4	104.7	140.2
新規会員数	千人	10.0	12.0	15.0	23.4	29.3	35.5
新規会員獲得費用	千円／人	1.5	1.9	1.8	2.0	2.3	2.4
会員あたり年間売上	千円	3.0	3.3	3.6	3.5	3.3	3.3
売上原価	百万円	27.0	41.0	56.4	84.4	108.9	145.8
原価率	%	36.0%	34.1%	30.1%	32.0%	32.0%	32.0%
粗利益	百万円	48.0	79.3	130.8	179.5	231.4	309.8
広告宣伝費	百万円	15.0	22.5	27.0	46.8	66.0	85.1
／前年度の売上	%	N/A	30.0%	22.5%	25.0%	25.0%	25.0%
固定費	百万円	32.0	48.0	67.0	83.5	107.5	131.5
人件費	百万円	25.0	40.0	55.0	66.0	82.5	99.0
従業員数	人	5.0	7.0	10.0	12.0	15.0	18.0
1人あたり人件費	百万円	5.0	5.7	5.5	5.5	5.5	5.5
賃借料	百万円	5.0	5.0	7.0	10.0	15.0	20.0
その他費用	百万円	2.0	3.0	5.0	7.5	10.0	12.5
営業利益	百万円	1.0	8.8	36.8	49.2	58.0	93.2

図表 4-22　補足資料：収益計画詳細（楽観ケース）

収益計画（楽観ケース）

収益計画
アグレッシブ

		1年目	2年目	3年目（実績）	4年目（計画）	5年目	6年目
売上	百万円	75.0	120.3	187.2	300.3	470.9	711.5
会員数	千人	25.0	37.0	52.0	80.1	120.7	175.7
新規会員数	千人	10.0	12.0	15.0	28.1	40.7	54.9
新規会員獲得費用	千円／人	1.5	1.9	1.8	2.0	2.4	3.0
会員あたり年間売上	千円	3.0	3.3	3.6	3.8	3.9	4.1
売上原価	百万円	27.0	41.0	56.4	96.1	150.7	227.7
原価率	%	36.0%	34.1%	30.1%	32.0%	32.0%	32.0%
粗利益	百万円	48.0	79.3	130.8	204.2	320.2	483.8
広告宣伝費	百万円	15.0	22.5	27.0	56.2	97.6	164.8
／前年度の売上	%	N/A	30.0%	22.5%	30.0%	32.5%	35.0%
固定費	百万円	32.0	48.0	67.0	83.5	107.5	131.5
人件費	百万円	25.0	40.0	55.0	66.0	82.5	99.0
従業員数	人	5.0	7.0	10.0	12.0	15.0	18.0
1人あたり人件費	百万円	5.0	5.7	5.5	5.5	5.5	5.5
賃借料	百万円	5.0	5.0	7.0	10.0	15.0	20.0
その他費用	百万円	2.0	3.0	5.0	7.5	10.0	12.5
営業利益	百万円	1.0	8.8	36.8	64.5	115.1	187.5

第5章

マーケティング収益
シミュレーションモデルを
つくる

ビジネス・シミュレーションの
ゴールはここ

収益計画の問題点＝マーケティング投資対効果が分からない

　ここまで収益計画の作成方法について説明しましたが、**本書の目的である「それ、いくら儲かるの？」という収益シミュレーションを行うには、収益計画だけでは十分とはいえません。収益計画には１つ重要な視点が抜けているからです。**

　たとえば以下の図表5-1は同業のＡ社とＢ社の売上・費用・利益です。どちらが優良な企業だと思いますか？

　この２社は売上が同じですが、利益はＡ社のほうが大きい。違いは、広告宣伝費にあります。Ａ社は1,000千円の広告宣伝費を使っているのに対して、Ｂ社は3,000千円を使っているため、利益が少なくなっています。

図表 5-1　Ａ社とＢ社、どちらが優良な企業？

損益計算書		A社	B社
売上	千円	5,000	5,000
費用	千円	△2,500	△4,500
材料費	千円	△1,000	△1,000
人件費	千円	△500	△500
広告宣伝費	千円	△1,000	△3,000
利益	千円	2,500	500

　では、この数字を見て「Ａ社のほうが優れている！」といえるでしょうか。たとえば、Ｂ社の社長がこう言っていたらどうでしょう。

「いまは広告宣伝がうまくいっていて、効率的に顧客を獲得できています。売上につながるのは来年になりますが、今年のうちに積極的に広告宣伝に投資しています」（図表5-2）

図表 5-2 マーケティングとは

B社の社長の発言：
- マーケティング（広告宣伝）がうまくいき、効率的に顧客を獲得できています
- 売上につながるのは来年ですが、今年のうちにマーケティング投資を進めます

	A	B	C	D	E	F
1						
2		損益計算書				
3					A社	B社
4		売上		千円	5,000	5,000
5		費用		千円	△2,500	△4,500
6			材料費	千円	△1,000	△1,000
7			人件費	千円	△500	△500
8			広告宣伝費	千円	△1,000	△3,000
9		利益		千円	2,500	500

将来への投資！（F8セル）

　つまり、この広告宣伝が売上につながるのは来年なので、今年はそのぶん**利益が減っても問題ない**、と長期的な視点で経営判断をしているわけです。

　ここまで聞くと、むしろA社は将来へのマーケティングを行っていない、来年はB社のほうが利益は大きくなるかもしれないな、と感じるのではないでしょうか。

　このように収益計画の問題点は、**「長期的なマーケティング投資対効果を判断するのがむずかしい」**ということです。

　たとえばある企業が株主に対して「我が社は利益率が非常に高い。業界トップです！」とアピールしても、裏を返せば、将来に必要な投資をしていないだけかもしれません。本来、企業の成長に必要な人件費をカットし、設

備投資を行わず、広告宣伝も行わない。既存のビジネスから生まれる収益だけを利益の源泉としている。これなら短期的な利益率は高まりますが、長期的な成長は見込めません。

つまり、「**長期的な成長を無視して、短期的な利益を上げるのはコストカットすればいいだけなので意外と簡単**」ということです。

費用を考えるときには、(1) 売上につながる費用と、(2) 売上につながらない費用にわけて考える必要があります。

(1) 前者については投資対効果で考え、投資額よりも大きなリターンが得られると見込める場合には積極的に投資を続ける。

一方、(2) 後者についてはムダをひたすら削ることになります。

よく「**今年は利益が目標を下回りそうだ、広告宣伝費を削ってなんとか目標を達成しよう**」**と判断する方がいますが、これは翌年の利益成長を犠牲にしている、といえるかもしれません。**

図表 5-3 収益計画と、マーケティング投資対効果のちがい

---

(1) 収益計画（売上、費用、利益）

　A) 期間利益（1年間にうまれた売上・利益）
　B) 年をまたぐと、投資対効果がわからない場合がある

(2) マーケティング

　A) 広告投資に対して、それがいくらの利益を生み出しているのか
　B) 長期的な投資対効果
　　● 費用 vs 売上を対応させる

本書の最後では、これまでの収益計画では判断できなかった「長期的なマーケティング投資対効果」の計算方法について解説しています。

ぜひここまでマスターして、収益計画・マーケティングの2つの視点からシミュレーションできる人材になってください。

Amazonの売上・利益はどうなっている？

ところで、大手インターネット企業のAmazonをご存じかと思いますが、Amazonの過去の売上・利益を見たことがあるでしょうか。

Amazonの収益は非常に分かりやすく、以下の図表5-4のように売上は急成長しているのに対して、利益はほとんどゼロに近い状態が続いています。

では、Amazonは「売上が増えている割には利益を出せていない、低収益なビジネスモデルなのか」というと、そうではありません。彼らは新規事業への投資を果敢に行っており、短期的な利益よりも長期的な成長を目指していることを宣言しています。

図表5-4　Amazonの売上・利益の推移（イメージ）

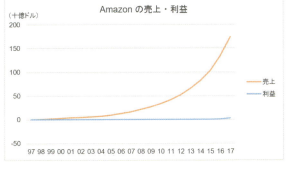

このAmazonの「短期的な利益よりも長期的な成長」というメッセージは長年かわっていません。

マーケティング投資対効果を理解できるようになると、このAmazonの利益の推移も「すごい！」と思えるようになります。

マーケティング収益シミュレーションモデルをつくる｜第5章　159

section 2 マーケティング利益の考え方と計算式

では、「そのマーケティングは利益を生んでいるの？」。つまり「マーケティング利益」は次のように考えます。

たとえば、広告宣伝（マーケティング）に10,000円を投資したとします。

図表 5-5　ケーススタディ

10,000円の広告宣伝（マーケティング）を行った結果…

①10人の新規顧客を獲得
②1顧客あたり獲得コストは平均1,000円（10,000円÷10人）
③1顧客から得られる売上は3,000円
④ところが、この商品を仕入れるのに500円かかっている（原価）

という場合、この10,000円のマーケティング投資から得られた利益（マーケティング利益）は、

図表 5-6　マーケティング利益を計算する

マーケティング利益
　＝1顧客あたり利益×顧客獲得数
　＝1顧客あたり（売上－費用）×顧客獲得数
　＝1顧客あたり（③売上－②マーケティング費用－④原価）×①顧客獲得数
　＝（3,000円－1,000円－500円）×10人
　＝15,000円

となります。

つまり、マーケティング利益の計算式は以下の通りです。

> マーケティング利益＝1顧客から得られる利益 × 顧客獲得数
> 　　　　　　　　＝（LTV － マーケティング費用－原価）× 顧客獲得数
> ※LTV=ライフタイムバリュー（顧客生涯価値）

　この計算式を見ると、「LTV」という見慣れない言葉があります。このLTVというのは、1顧客あたり売上を意味するのですが、詳しくこれから説明します。

LTV：ライフタイムバリュー（顧客生涯価値）

> マーケティング利益 ＝ 1顧客から得られる利益 × 顧客獲得数
> 　　　　　　　　　＝（LTV － マーケティング費用－原価）× 顧客獲得数
> ※LTV=ライフタイムバリュー（顧客生涯価値）

　マーケティング利益を考える一番シンプルな計算は、
「顧客単価－マーケティング費用」
　です。たとえば1万円の広告宣伝で3万円の商品が売れたら、このマーケティングから生まれた利益は2万円となります。

　ところが、上記の計算では1つ抜けているポイントがあります。それはリピーターなど継続利用が含まれていないということです。この継続利用は、マーケティングの投資対効果を考える上で非常に重要です。

　たとえば、私は同じ携帯キャリアの携帯電話を長年使っています。高校生のころ、たまたまテレビCMを見て契約し、それから約20年使い続けています。仮に毎月1万円を払っているとすると、これまで私が携帯キャリアに払った金額は、月額1万円×12ヵ月×20年＝240万円となります。
　逆に携帯キャリアの立場になると、テレビCMを打ったことで、240万円を払ってくれるユーザーを獲得できたということになります。これなら、費用が高いテレビCMでも打つ意味はあったと言えそうです。

　この240万円を、ライフタイムバリュー（顧客生涯価値）と呼びます。略してLTVです。投資対効果を考える際の売上は、このライフタイムバリュー

で考えるのが重要です。

　ライフタイムバリュー（LTV）の計算方法は業態によって様々です。たとえばニュースの定期購読なら、たいてい年1,000円などと金額が固定されています。平均で10年間契約が続くとするとLTV＝1万円となります。
　1人の顧客を獲得するのに必要なマーケティング費用が1万円以内であれば、利益はプラスになります。

　今回のケースは以下のようなパソコンや携帯電話でオンラインニュースを定期購読するサービスです。このサービスは、ユーザーが年間1,000円を支払うとします。ユーザーは毎年70％が継続利用するものの、残り30％は退会してしまいます。
　マーケティング担当のあなたは、2019年に20万円を使って広告を打ちました。その結果、100名の新規購読者を獲得することができました。さて、このマーケティング（広告宣伝）は利益を生むことができるのでしょうか。

図表 5-7　ケーススタディ

（1）オンラインニュース定期購読

　A）ユーザーは年額1,000円を支払う
　B）毎年70％のユーザーが継続利用（30％は退会）

（2）マーケティングが生み出した利益を計算する

　A）2019年に、マーケティング費用（広告宣伝）を200,000円を投資
　B）このマーケティング投資により新規獲得した購読者は100名
　C）2019年〜2023年までの5年間に生み出す利益を計算する

最終的な計算結果は以下の**図表5-8**のようになります。

今回の計算の（1）バリュードライバーは、青字になっている年間購読料、新規獲得数、継続利用率、1人あたり獲得コスト、原価率の5つになります。これがわかれば、（2）マーケティング利益を計算することができます。

図表 5-8 最終的な計算イメージ

	B	C	D	E	F	G	H	I	J
2	年間購読料	円	1,000						
3	新規獲得数	人	100						
4	継続利用率	％	70％						
5	1人あたり獲得コスト	円	2,000						
6	原価率	％	5％						
8	2019年のマーケティングが生み出した利益								
10			2019年	2020年	2021年	2022年	2023年	合計	1人あたり
11	購読者数	人	100	70	49	34	24		
12	年間購読料	円	1,000	1,000	1,000	1,000	1,000		LTV↓
13	売上	円	100,000	70,000	49,000	34,300	24,010	277,310	2,773
14	マーケティング費用	円						200,000	2,000
15	マーケティング利益	円						77,310	773

（1）バリュードライバー
（2）マーケティング利益

最初に、購読者の数を計算します（**図表5-9** セルD11）。初年度となる2019年の購読者数は新規に獲得した100名となりますので、セルD3を参照します。

2020年以降の購読者数（セルE11）は、「前年の購読者数×継続利用率70％」の計算で算出します。なお、継続利用率70％（セルD4）を参照するときには、絶対参照にしておくと、2021年〜2023年まで簡単に計算式をコピーすることができます。

次に年間購読料（セルD12）ですが、これは年間1,000円（セルD2）をそのまま参照すればOKです。

図表 5-9　購読者数、年間購読料を計算

	A	B	C	D	E	F	G	H	I	J
1										
2		年間購読料	円	1,000						
3		新規獲得数	人	100						
4		継続利用率	%	70%						
5		1人あたり獲得コスト	円	2,000						
6		原価率	%	5%						
7										
8		2019年のマーケティングが生み出した利益								
9										
10				2019年	2020年	2021年	2022年	2023年	合計	1人あたり
11		購読者数	人	=D3						
12		年間購読料	円							LTV↓
13		売上	円							
14		マーケティング費用	円							
15		マーケティング利益	円							

	A	B	C	D	E	F	G	H	I	J
1										
2		年間購読料	円	1,000						
3		新規獲得数	人	100						
4		継続利用率	%	70%						
5		1人あたり獲得コスト	円	2,000						
6		原価率	%	5%						
7										
8		2019年のマーケティングが生み出した利益								
9										
10				2019年	2020年	2021年	2022年	2023年	合計	1人あたり
11		購読者数	人	100	=D11*$D$4					
12		年間購読料	円							LTV↓
13		売上	円							
14		マーケティング費用	円							
15		マーケティング利益	円							

	A	B	C	D	E	F	G	H	I	J
1										
2		年間購読料	円	1,000						
3		新規獲得数	人	100						
4		継続利用率	%	70%						
5		1人あたり獲得コスト	円	2,000						
6		原価率	%	5%						
7										
8		2019年のマーケティングが生み出した利益								
9										
10				2019年	2020年	2021年	2022年	2023年	合計	1人あたり
11		購読者数	人	100	70	49	34	24		
12		年間購読料	円	=$D$2						LTV↓
13		売上	円							
14		マーケティング費用	円							
15		マーケティング利益	円							

次に売上（図表5-10 13行目）を計算します。2019年〜2023年の各年の売上は、購読者数×年間購読料で決まります。さらに、その5年間の売上を合計すれば（図表5-11 セルI13）、2019年に獲得した新規購読者100名が、2019年〜2023年の5年間にいくらお金を払ってくれたか（売上）を計算することができます。

図表 5-10　売上を計算

	A	B	C	D	E	F	G	H	I	J
1										
2		年間購読料	円	1,000						
3		新規獲得数	人	100						
4		継続利用率	%	70%						
5		1人あたり獲得コスト	円	2,000						
6		原価率	%	5%						
7										
8		2019年のマーケティングが生み出した利益								
9										
10				2019年	2020年	2021年	2022年	2023年		合計　1人あたり
11		購読者数	人	100	70	49	34	24		
12		年間購読料	円	1,000	1,000	1,000	1,000	1,000		LTV↓
13		売上	円	=D11*D12						
14		マーケティング費用	円							
15		マーケティング利益	円							

図表 5-11　売上（2019〜2023年）の合計を計算

	A	B	C	D	E	F	G	H	I
1									
2		年間購読料	円	1,000					
3		新規獲得数	人	100					
4		継続利用率	%	70%					
5		1人あたり獲得コスト	円	2,000					
6		原価率	%	5%					
7									
8		2019年のマーケティングが生み出した利益							
9									
10				2019年	2020年	2021年	2022年	2023年	合計
11		購読者数	人	100	70	49	34	24	
12		年間購読料	円	1,000	1,000	1,000	1,000	1,000	
13		売上	円	100,000	70,000	49,000	34,300	24,010	=SUM(D13:H13)
14		売上原価	円						
15		マーケティング費用	円						
16		マーケティング利益	円						

さらにこの売上を、新規購読者1人あたりで計算します（図表5-12 セルJ13）。先ほど計算した合計売上を、新規獲得数100人で割ります。

図表 5-12 新規購読者1人あたり売上＝ライフタイムバリュー（LTV）を計算（セル J13）

	A	B	C	D	E	F	G	H	I	J
1										
2		年間購読料	円	1,000						
3		新規獲得数	人	100						
4		継続利用率	%	70%						
5		1人あたり獲得コスト	円	2,000						
6		原価率	%	5%						
7										
8		2019年のマーケティングが生み出した利益								
9										
10				2019年	2020年	2021年	2022年	2023年	合計	1人あたり
11		購読者数	人	100	70	49	34	24		
12		年間購読料	円	1,000	1,000	1,000	1,000	1,000		LTV↓
13		売上	円	100,000	70,000	49,000	34,300	24,010	277,310	=I13/D3
14		マーケティング費用	円							
15		マーケティング利益	円							

図表 5-13 新規購読者1人あたり売上＝ライフタイムバリュー（LTV）は2,773円！

	A	B	C	D	E	F	G	H	I	J
1										
2		年間購読料	円	1,000						
3		新規獲得数	人	100						
4		継続利用率	%	70%						
5		1人あたり獲得コスト	円	2,000						
6		原価率	%	5%						
7										
8		2019年のマーケティングが生み出した利益								
9										
10				2019年	2020年	2021年	2022年	2023年	合計	1人あたり
11		購読者数	人	100	70	49	34	24		
12		年間購読料	円	1,000	1,000	1,000	1,000	1,000		LTV↓
13		売上	円	100,000	70,000	49,000	34,300	24,010	277,310	2,773
14		マーケティング費用	円							
15		マーケティング利益	円							

　このように2,773円という数字が出てきます。つまり、**新規購読者1人あたり平均2,773円を売り上げた、といえるわけです。これをライフタイムバリュー（LTV）と呼びます。**

　次に、このライフタイムバリュー（LTV）とマーケティング費用（広告費）を比較して、利益を生み出したか計算します。

マーケティング費用（広告宣伝費）は新規獲得数（セルD3）×1人あたり獲得コスト（セルD5）で、200,000円となります。

図表 5-14 マーケティング費用（セル I14）＝新規獲得数×1人あたり獲得コスト

	A	B	C	D	E	F	G	H	I	J
1										
2		年間購読料	円	1,000						
3		新規獲得数	人	100						
4		継続利用率	%	70%						
5		1人あたり獲得コスト	円	2,000						
6		原価率	%	5%						
7										
8		2019年のマーケティングが生み出した利益								
9										
10				2019年	2020年	2021年	2022年	2023年	合計	1人あたり
11		購読者数	人	100	70	49	34	24		
12		年間購読料	円	1,000	1,000	1,000	1,000	1,000		LTV↓
13		売上	円	100,000	70,000	49,000	34,300	24,010	277,310	2,773
14		マーケティング費用	円						=D3*D5	
15		マーケティング利益	円							

最後にマーケティング利益です。売上合計からマーケティング費用合計を引きます。

図表 5-15 マーケティング利益（セル I15）＝売上合計－マーケティング費用合計

	A	B	C	D	E	F	G	H	I	J
1										
2		年間購読料	円	1,000						
3		新規獲得数	人	100						
4		継続利用率	%	70%						
5		1人あたり獲得コスト	円	2,000						
6		原価率	%	5%						
7										
8		2019年のマーケティングが生み出した利益								
9										
10				2019年	2020年	2021年	2022年	2023年	合計	1人あたり
11		購読者数	人	100	70	49	34	24		
12		年間購読料	円	1,000	1,000	1,000	1,000	1,000		LTV↓
13		売上	円	100,000	70,000	49,000	34,300	24,010	277,310	2,773
14		マーケティング費用	円						200,000	
15		マーケティング利益	円						=I13-I14	

その結果、以下の**図表5-16**の通り、マーケティング利益は77,310円となります。これを新規獲得数100名（セルD3）で割れば、1人の新規購読者が生み出した利益は773円（セルJ15）となります。

図表 5-16　1人あたりマーケティング利益を計算

	A	B	C	D	E	F	G	H	I	J
1										
2		年間購読料	円	1,000						
3		新規獲得数	人	100						
4		継続利用率	%	70%						
5		1人あたり獲得コスト	円	2,000						
6		原価率	%	5%						
7										
8		2019年のマーケティングが生み出した利益								
9										
10				2019年	2020年	2021年	2022年	2023年	合計	1人あたり
11		購読者数	人	100	70	49	34	24		
12		年間購読料	円	1,000	1,000	1,000	1,000	1,000		LTV↓
13		売上	円	100,000	70,000	49,000	34,300	24,010	277,310	2,773
14		マーケティング費用	円						200,000	2,000
15		マーケティング利益	円						77,310	773

つまり、**マーケティング費用200,000円（1人あたり2,000円）かけたことによって、77,310円の利益を生み出したといえます。**

マーケティング利益 ＝（LTV － マーケティング費用 － 原価）× 顧客獲得数

　　77,310円　　　2,773円　　　　2,000円　　　　　　　100人

　　セルI15　　　　セルJ13　　　　セルJ14　　　　　　　セルD3

一点注意ですが、LTVは2,773円となっていますが、正確には2,773.1円です（電卓で上記の計算式を計算すると数字がズレますのでご注意ください）。

マーケティング投資対効果を計算するには「原価」を含める

マーケティング利益を計算するには、売上からマーケティング費用を引くだけではなく、売上原価もマイナスする必要があります。次の式になります。

> マーケティング利益 =（LTV − マーケティング費用 − 原価）× 顧客獲得数
> ※LTV=ライフタイムバリュー

たとえば、10,000円のマーケティング費用をかけて10,000円の食品を販売したとします。売上10,000円 − 費用10,000円 = 0円かというと違います。実際には食品をつくるのに必要な材料費や送料がかかっていますので赤字となるわけです。

つまり、マーケティング利益を計算するには、売上−売上原価−マーケティング費用と計算しなければいけないわけですね。

この売上原価とは、「売れれば売れるほどかかる費用」と考えればOKです。たとえば、材料費、送料、あるいは製造にかかる人件費なども含まれます。

先ほどのオンラインニュース購読というビジネスモデルでいえば、おそらくユーザーはクレジットカードで購読料を支払うでしょう。その場合、クレジットカード利用手数料をニュース会社は負担する必要があるので、売上原価として計算しておく必要があります。

仮に手数料を5%とすると、売上原価（**図表5-17** 14行目）＝売上×売上原価5%（セルD6）と計算します。

図表 5-17 売上原価（セル D14）＝売上×原価率5％

	A	B	C	D	E	F	G	H	I	J
1										
2		年間購読料	円	1,000						
3		新規獲得数	人	100						
4		継続利用率	%	70%						
5		1人あたり獲得コスト	円	2,000						
6		原価率	%	5%						
7										
8		2019年のマーケティングが生み出した利益								
9										
10				2019年	2020年	2021年	2022年	2023年	合計	1人あたり
11		購読者数	人	100	70	49	34	24		
12		年間購読料	円	1,000	1,000	1,000	1,000	1,000		LTV↓
13		売上	円	100,000	70,000	49,000	34,300	24,010	277,310	2,773
14		売上原価	円	=D13*$D$6						
15		マーケティング費用	円						200,000	2,000
16		マーケティング利益	円						77,310	773

続いて、マーケティング利益を計算します。マーケティング利益＝売上－売上原価－マーケティング費用で計算します（**図表5-18** セルI16）。

図表 5-18 マーケティング利益（セル I16）＝売上－売上原価－マーケティング費用

	A	B	C	D	E	F	G	H	I	J
1										
2		年間購読料	円	1,000						
3		新規獲得数	人	100						
4		継続利用率	%	70%						
5		1人あたり獲得コスト	円	2,000						
6		原価率	%	5%						
7										
8		2019年のマーケティングが生み出した利益								
9										
10				2019年	2020年	2021年	2022年	2023年	合計	1人あたり
11		購読者数	人	100	70	49	34	24		
12		年間購読料	円	1,000	1,000	1,000	1,000	1,000		LTV↓
13		売上	円	100,000	70,000	49,000	34,300	24,010	277,310	2,773
14		売上原価	円	5,000	3,500	2,450	1,715	1,201	13,866	139
15		マーケティング費用	円						200,000	2,000
16		マーケティング利益	円						=I13-I14-I15	634

以下の**図表5-19**の通り、マーケティング費用200,000円（1人あたり2,000円）かけたことによって、63,445円の利益を生み出したことが分かります。

図表5-19　マーケティング利益を計算（セルI16）

	A	B	C	D	E	F	G	H	I	J
1										
2		年間購読料	円	1,000						
3		新規獲得数	人	100						
4		継続利用率	%	70%						
5		1人あたり獲得コスト	円	2,000						
6		原価率	%	5%						
7										
8		2019年のマーケティングが生み出した利益								
9										
10				2019年	2020年	2021年	2022年	2023年	合計	1人あたり
11		購読者数	人	100	70	49	34	24		
12		年間購読料	円	1,000	1,000	1,000	1,000	1,000		LTV↓
13		売上	円	100,000	70,000	49,000	34,300	24,010	277,310	2,773
14		売上原価	円	5,000	3,500	2,450	1,715	1,201	13,866	139
15		マーケティング費用	円						200,000	2,000
16		マーケティング利益	円						63,445	634

以上で、マーケティング利益の計算は完了です。まとめると、以下の通りになります。

マーケティング利益 ＝（LTV － マーケティング費用 － 原価）× 顧客獲得数

　　63,445円　　　2,773円　　　2,000円　　　139円　　　100人
　　セルI16　　　セルJ13　　　セルJ15　　　セルJ14　　セルD3

どの企業もライフタイムバリューを公開しない理由

ライフタイムバリュー（LTV）という数字は、マーケティングに力を入れている企業ではほぼ必ず管理しています。

- どのマーケティング（広告の種類）で、何人の新規ユーザーを獲得したか
- そのユーザーがどの程度継続利用しているか
- そのユーザーはどれくらいの売上に貢献しているのか

といったものをデータ管理しています。あるいは、小売業ではポイントカードをつくり、ネットでユーザー登録させるなどして1人1人のユーザー動向データを取得することに多額の予算を費やしています。そしてライフタイムバリューに合わせて適切な広告予算を決めるのがマーケティング担当者の役割となっています。

ところが、ライフタイムバリューはマーケティング面で非常に重要な指標であるにもかかわらず、どの企業も「我が社の顧客のライフタイムバリューは○○円です」といったことは、ほとんど公開しません。その理由は、**ライフタイムバリューの計算の精度には限界があるから**です。

先ほどのオンラインニュース購読ビジネスでは、毎年の継続率を70％としました。ところが実際には、この前提条件には様々な問題が発生します。たとえば、継続率は毎年変わるはずです。購読を始めたばかりの1年目から2年目にかけては、「はじめに思っていたよりも読まなかったな。もったいないから解約しよう」と思う購読者も多いので、継続率は低くなるでしょう。しかし、4年目、5年目になった頃にはニュース購読が習慣化されていたり、

あるいはもう購読料金を支払っているのを忘れてしまっている購読者もいるため、継続利用率は高いはずです（意外とこういう顧客は多く、貴重な収益源になっている）。このように、年によって異なる継続率をしっかり細かく見ていく必要があります。

さらに継続率は将来高くなるかもしれません。現在は70％でも、サービスを改善していくことで80％まで引き上げられる可能性もあります。**今年使った広告宣伝費に対する利益（投資対効果）は、将来の継続率によって決まるわけなので、将来の継続率がわからない以上はライフタイムバリューの計算が不確実になるのは仕方のないことです。**

また、今回のように年間の購読料が定額（1,000円）なら分かりやすいですが、変動するケースもあります。たとえばオンラインで商品を販売する場合、クリスマス商戦には売上アップが期待できるので（季節要因）、その要因をどこまでライフタイムバリューに含めるかも悩ましい問題です。

そして予測期間の判断も困難です。今回は2019年～2023年までの5年間のマーケティング利益を計算しましたが、実際には2024年以降も購読を続けている読者もいることでしょう。これをどこまで予測するかというポイントも重要です。また、予測期間が長期にわたる場合には、その期間の資本コストで割り引く（ファイナンスでいう割引率）という計算が必要になる場合もあります。

このような要因をすべて合理的に計算し、予測するのは難しく、実際にマーケティング担当者の間では、毎年のようにライフタイムバリューの計算根拠が少しずつ変わっているのもよくある話です。その結果、ライフタイムバリューの計算は社内にとどめておき、外部には公開しないというのが一般的のようです。

LTVモデルを使って マーケティング利益を最大化する

　以下の**図表5-20**のライフタイムバリューおよびマーケティング利益を計算するモデル（本書ではLTVモデルと呼びます）を作成すると、**いくらのマーケティング費用を使ったときが最もマーケティング利益を最大化できるかシミュレーションする**ことができます。

　まさにここがマーケティング担当者のウデの見せどころです。「そのマーケティング、いくらもうかるの？」という冷たい目を向ける周囲を説得させる数字こそ、このマーケティング利益の計算です。

図表5-20　LTVモデルを使って、マーケティング利益を最大化させる

	A	B	C	D	E	F	G	H	I	J
1										
2		年間購読料	円	1,000						
3		新規獲得数	人	100						
4		継続利用率	%	70%						
5		1人あたり獲得コスト	円	2,000						
6		原価率	%	5%						
7										
8		2019年のマーケティングが生み出した利益								
9										
10				2019年	2020年	2021年	2022年	2023年	合計	1人あたり
11		購読者数	人	100	70	49	34	24		
12		年間購読料	円	1,000	1,000	1,000	1,000	1,000		LTV↓
13		売上	円	100,000	70,000	49,000	34,300	24,010	277,310	2,773
14		売上原価	円	5,000	3,500	2,450	1,715	1,201	13,866	139
15		マーケティング費用	円						200,000	2,000
16		マーケティング利益	円						63,445	634

マーケティング収益シミュレーションモデルをつくる｜第5章

このシミュレーションを行うにあたって重要な前提条件が1つあります。**マーケティング費用（新規1人あたり獲得コスト）と顧客獲得数は反比例の関係にある、ということです。つまり、獲得数を増やせば増やすほど、1人の顧客を獲得するのに必要なコストは増えていきます。**

> マーケティング利益 ＝ 1顧客から得られる利益 － 顧客獲得数
> 　　　　　　　　＝（LTV － **マーケティング費用** － 原価）× **顧客獲得数**
>
> この2つは反比例の関係！

　もちろんこの前提条件はすべてのマーケティング施策に当てはまるわけではありません。中には、顧客獲得数が増えれば、さらに口コミで新規獲得数が増えた結果、獲得費用が下がる場合もあります。

　この考え方の背景には、本書ですでにご紹介している"Low Hanging Fruits"があります。マーケティングでは、安く顧客獲得できる、つまり獲得効率の良い手法から優先的に始めていきます。そのため、獲得数が増えるほど、獲得効率の悪いマーケティング手段に手を出すことになり、その結果、平均獲得コストは上がってしまって利益が出なくなる、というものです。

図表 5-21　Low Hanging Fruits（木の低いところの果物は採りやすい）

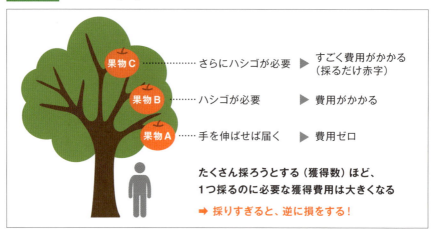

つまり、**獲得数を増やしすぎると損をしてしまうため、マーケティング利益を最大化するために必要な最適な獲得数と獲得コストを見つけなければいけません。**

　では、ここでケーススタディです。先ほどのオンラインニュース購読ビジネスのマーケティング利益を最大化するために必要な獲得コスト、新規獲得数を計算してみましょう。

図表 5-22　ケーススタディ

---
(1) マーケティングの傾向

　新規獲得数を増やすほど、1人あたり獲得コストも増える傾向がある

(2) もっともマーケティング利益を生み出すのは、どれ？

　A）1人あたり<u>1,750円</u>の獲得コスト、<u>50人</u>の新規獲得
　B）1人あたり<u>2,000円</u>の獲得コスト、<u>100人</u>の新規獲得
　C）1人あたり<u>2,250円</u>の獲得コスト、<u>200人</u>の新規獲得
　D）1人あたり<u>2,500円</u>の獲得コスト、<u>300人</u>の新規獲得

　もちろんA) に比べてD) は新規獲得が多いので、売上が大きいことは想像できます。しかしD) は1人あたり獲得コストが高く、費用がかなりかかっているため利益がいちばん大きいとは限りません。

　せっかくなので、本書で紹介した感応度分析を使ってこれを計算します。縦軸に1人あたり獲得コスト、横軸に新規獲得数をとり、マーケティング利益を計算すると次のようになります。

図表 5-23　感応度分析でマーケティング利益を計算

			新規獲得数			
			50	100	200	300
1人あたり獲得コスト		1,750	A) 44,222	88,445	176,889	265,334
		2,000	31,722	B) 63,445	126,889	190,334
		2,250	19,222	38,445	C) 76,889	115,334
		2,500	6,722	13,445	26,889	D) 40,334

　問題のA)〜D)をそれぞれ青色でハイライトしています。これを見ると、利益がいちばん大きいのはC)で、続いてB)、A)、D)になります。つまり、この4つの選択肢の中では、1人あたり2,250円を目安に新規獲得するのが最もマーケティング利益を最大化できる、ということになります。

図表 5-24　正解は C)

（1）マーケティングの傾向

　新規獲得数を増やすほど、1人あたり獲得コストも増える傾向がある

（2）もっともマーケティング利益を生み出すのは、どれ？

　A）1人あたり1,750円の獲得コスト、50人の新規獲得　　⇒ 44,222円
　B）1人あたり2,000円の獲得コスト、100人の新規獲得　　⇒ 63,445円
　C）1人あたり2,250円の獲得コスト、200人の新規獲得　　⇒ 76,889円
　D）1人あたり2,500円の獲得コスト、300人の新規獲得　　⇒ 40,334円

　また、図表5-25のグラフを見ると、1人あたり獲得コストが2,500円になると、急激に利益が減少しています。**うっかりこの2,500円の水準までコストが上がらないように注意が必要**ということもよく分かります。

図表 5-25　1人あたり獲得コストが2,500円になると利益は大きく減少する！

　このように、**新規1人あたり獲得コストというのは低すぎても高すぎても、利益を最大化することはできません。**マーケティング担当者は、適切な獲得コストを見極めながら新規獲得を続ける必要があります。

　私が実際にお会いしたいくつかの企業では、もっとも重視している経営指標はこの「マーケティング利益の最大化」だと考えています。このマーケティング利益が大きければ大きいほど長期的な利益も増加していきます。
　逆に短期的な利益増加を目指してしまうと、どうしてもマーケティング費用を抑えようという意向が働いてしまう可能性があるわけです。

　しかし、繰り返しになりますが、このマーケティング利益の計算はとても難しく、予測の精度に限界があります。継続利用率を70％で見込んでいたが、実際には60％にとどまってしまったため、多額のマーケティング費用が赤字になってしまったという残念な話も多く聞きます。マーケティングの投資対効果は、「やや保守的に見込んでも十分採算が取れそうか」という意識が重要と考えます。

マーケティング収益シミュレーションモデルをつくる｜第5章　179

section 7　LTVモデルは、マーケティング手法ごとに作成する

　一言にマーケティングといっても、その種類は様々です。テレビCMや雑誌広告、インターネット広告もあります。また、友人からの口コミを促進させることで新規獲得を増やしていくというのもマーケティング手法の1つと言えます。

　マーケティングの施策1つ1つの効果検証を行うには、そのマーケティング手法とそれぞれのマーケティング利益を計算する必要があります。

　図表5-26を見てください。マーケティング手法ごとに予算・実績が記されています。

　まずテレビCM（13行目）ですが、LTVの実績（セルF14）は2,500円と高い水準です。一方でテレビCMはコストも高く、獲得コストは1件あたり2,100円。その結果、マーケティング利益はマイナス300千円となっています。これだけ見ると、来年はテレビCMを中止すべきという判断ができます。

　また、友人の紹介で入会した顧客（20行目）を見てみると、この獲得コストはゼロとなっています。口コミなので、費用がかからないわけです。しかもLTVも高い。おそらく友人の紹介なので、継続利用してくれそうな「質の高い」ユーザーを獲得できていると想像できます。その結果、マーケティング利益の実績は2,804千円と、非常に大きな利益を生んでいます。

　図表5-27が、各マーケティング手法が生んだ売上・利益になります。売上だけ見るとテレビCMが大きいですが、実は利益を生み出しているのは友人の紹介であることが分かります。これを見たマーケティング担当者は「**ああ、今までテレビCMばかりに力を入れていたが、あまり意味はなかったな。これからは友人の紹介を促進する施策に力を入れる必要がある**」と判断できます。このようにマーケティング利益を計算することは、マーケティング施策の優先度を考える判断材料になります。

図表 5-26　マーケティング手法ごとに LTV などを管理する

		予算	実績	予実差	予実比
2018年マーケティング予実比較					
インターネット広告					
LTV	円	2,000	2,100	100	105%
獲得コスト	円	1,000	1,200	200	120%
原価	円	400	420	20	105%
獲得数	件	1,300	1,500	200	115%
売上	千円	2,600	3,150	550	121%
マーケティング利益	千円	780	720	△60	92%
テレビCM					
LTV	円	2,500	2,500	0	100%
獲得コスト	円	1,900	2,100	200	111%
原価	円	500	500	0	100%
獲得数	件	2,500	3,000	500	120%
売上	千円	6,250	7,500	1,250	120%
マーケティング利益	千円	250	△300	△550	-120%
友人の紹介					
LTV	円	3,000	2,850	△150	95%
獲得コスト	円	0	0	0	N.M.
原価	円	600	570	△30	95%
獲得数	件	1,000	1,230	230	123%
売上	千円	3,000	3,506	506	117%
マーケティング利益	千円	2,400	2,804	404	117%

図表 5-27　テレビ CM は、売上は大きいが利益は赤字！

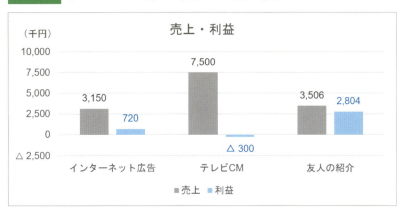

マーケティング収益シミュレーションモデルをつくる ｜ 第5章

section 8 　LTVモデルをつかって収益計画を作成する

　前述のとおり、**LTVモデルを作成する目的は、収益計画では見えにくい「マーケティング投資対効果を長期的に判断する」**ためです。

　そこで、マーケティング担当者がLTVモデルを使って適切な獲得コスト、獲得数の目標を設定したとします。ところがLTVモデルを見た経営陣が、**「このマーケティング投資が、長期的に利益を生むことはよくわかった。しかし、このマーケティング投資を続けたら、来年や再来年はどれくらいの売上・利益が見込めるのか？」**と聞くかもしれません。

　本章の最後は、このLTVモデルを元に収益計画を作成します。

図表 5-28　最後はLTVモデルを使って収益計画の作成！

（1）収益計画（売上、費用、利益）

A）期間利益（1年間にうまれた売上・利益）
B）年をまたぐと、投資対効果がわからない場合がある

（2）マーケティング（LTVモデル）

A）広告投資に対して、それがいくらの利益を生み出しているのか
B）長期的な投資対効果
　● 費用 vs 売上を対応させる

先ほど作成したLTVモデルが**図表5-29**です。

図表5-29 このLTVモデルから収益計画をつくる！

	A	B	C	D	E	F	G	H	I	J
1										
2		年間購読料	円	1,000						
3		新規獲得数	人	100						
4		継続利用率	%	70%						
5		1人あたり獲得コスト	円	2,000						
6		原価率	%	5%						
7										
8		2019年のマーケティングが生み出した利益								
9										
10				2019年	2020年	2021年	2022年	2023年	合計	1人あたり
11		購読者数	人	100	70	49	34	24		
12		年間購読料	円	1,000	1,000	1,000	1,000	1,000		LTV↓
13		売上	円	100,000	70,000	49,000	34,300	24,010	277,310	2,773
14		売上原価	円	5,000	3,500	2,450	1,715	1,201	13,866	139
15		マーケティング費用	円						200,000	2,000
16		マーケティング利益	円						63,445	634

このLTVモデルでシミュレーションした結果、マーケティング利益を最大化するために次のようなマーケティング戦略を実施するとします。

図表5-30 ケーススタディ

（1）LTVモデルを使って、以下のマーケティング戦略を実施する

A）1人あたり<u>2,000円</u>の獲得コスト

B）新規獲得／年は<u>100人</u>

C）マーケティング費用（広告費）は<u>年間200,000円（＝A×B）</u>

D）購読料は1人あたり年間1,000円

E）継続利用率は70％を想定

F）2019年から2024年までの6年間つづける

（2）課題

A）上記のマーケティングを実行した場合の収益モデル（計画）を作成する

LTVモデルの考え方は、「特定の年に獲得した顧客が、将来どれくらい継続して、売上に貢献しているか」を計算したものです。 先ほど作ったLTVモデルは2019年に獲得した顧客から将来生まれる売上、利益を計算しています。

　この計算を2019年だけではなく、2020年に獲得した顧客から生まれる売上、利益、2021年に獲得した顧客から生まれる売上、利益……と2024年まで積み重ねていけば、各年における購読者数の合計を計算することができます。

　次の図が完成イメージです。縦軸に新規獲得した年、横軸には各年の購読者数を合計しています。

図表5-31　2019～2024年それぞれ獲得した購読者数

		2019年	2020年	2021年	2022年	2023年	2024年
新規獲得した年	2019年	100	70	49	34	24	17
	2020年		100	70	49	34	24
	2021年			100	70	49	34
	2022年				100	70	49
	2023年					100	70
	2024年						100
	合計	100	170	219	253	277	294

設定:
- 新規獲得数／年：100人
- 継続利用率：70%
- 年間購読料：1,000円
- 1人あたり獲得コスト：2,000円
- 原価率：5%

では、これから詳しく説明します。2019年の新規獲得数（**図表5-32** セルD11）はセルF2の100人を参照します。

図表5-32 2019年の新規獲得数

	A	B	C	D	E	F	G	H	I
1									
2			新規獲得数／年		人	100			
3			継続利用率		%	70%			
4			年間購読料		円	1,000			
5			1人あたり獲得コスト		円	2,000			
6			原価率		%	5%			
7									
8			購読者数の推移						
9						購読者数			
10				2019年	2020年	2021年	2022年	2023年	2024年
11		新	2019年	=F2					
12		規	2020年						
13		獲	2021年						
14		得	2022年						
15		し	2023年						
16		た	2024年						
17		年	合計						

次に、2020年以降（**図表5-33** セルE11）は、前年の購読者数×継続率70%とします。

図表 5-33　2020年の購読者数＝2019年×継続率70％

	A	B	C	D	E	F	G	H	I
1									
2		新規獲得数／年			人	100			
3		継続利用率			％	70%			
4		年間購読料			円	1,000			
5		1人あたり獲得コスト			円	2,000			
6		原価率			％	5%			
7									
8		購読者数の推移							
9						購読者数			
10				2019年	2020年	2021年	2022年	2023年	2024年
11	新	2019年		100	=D11*$F$3				
12	規	2020年							
13	獲	2021年							
14	得	2022年							
15	し	2023年							
16	た	2024年							
17	年	合計							

2020年に新規獲得した購読者（12行目）も、セルF2の100人を参照します。

図表 5-34　2020年の新規獲得数

	A	B	C	D	E	F	G	H	I
1									
2		新規獲得数／年			人	100			
3		継続利用率			％	70%			
4		年間購読料			円	1,000			
5		1人あたり獲得コスト			円	2,000			
6		原価率			％	5%			
7									
8		購読者数の推移							
9						購読者数			
10				2019年	2020年	2021年	2022年	2023年	2024年
11	新	2019年		100	70	49	34	24	17
12	規	2020年			=F2				
13	獲	2021年							
14	得	2022年							
15	し	2023年							
16	た	2024年							
17	年	合計							

2021年以降は、前年の購読者数×継続率70%とします。

図表5-35 2021年の購読者数＝2020年×継続率70%

	A	B	C	D	E	F	G	H	I
1									
2		新規獲得数／年		人		100			
3		継続利用率		%		70%			
4		年間購読料		円		1,000			
5		1人あたり獲得コスト		円		2,000			
6		原価率		%		5%			
7									
8		購読者数の推移							
9						購読者数			
10				2019年	2020年	2021年	2022年	2023年	2024年
11	新	2019年		100	70	49	34	24	17
12	規獲	2020年			100	=E12*$F$3			
13	得	2021年							
14	し	2022年							
15	た	2023年							
16	年	2024年							
17		合計							

同じようにして2024年までの購読者数も計算します。

最後に、各年の合計購読者数（17行目）を計算します。

図表5-36 2021年の合計購読者数

	A	B	C	D	E	F	G	H	I
1									
2		新規獲得数／年		人		100			
3		継続利用率		%		70%			
4		年間購読料		円		1,000			
5		1人あたり獲得コスト		円		2,000			
6		原価率		%		5%			
7									
8		購読者数の推移							
9						購読者数			
10				2019年	2020年	2021年	2022年	2023年	2024年
11	新	2019年		100	70	49	34	24	17
12	規	2020年			100	70	49	34	24
13	獲得	2021年				100	70	49	34
14	し	2022年					100	70	49
15	た	2023年						100	70
16	年	2024年							100
17		合計		100	170	=SUM(F11:F16)	253	277	294

次の図表5-37が2019〜2024年の購読者数を求めたものです。

図表 5-37 2019～2024 年の購読者数（17 行目）

	新規獲得数／年	人	100				
	継続利用率	%	70%				
	年間購読料	円	1,000				
	1人あたり獲得コスト	円	2,000				
	原価率	%	5%				

購読者数の推移

		2019年	2020年	2021年	2022年	2023年	2024年
新規獲得した年	2019年	100	70	49	34	24	17
	2020年		100	70	49	34	24
	2021年			100	70	49	34
	2022年				100	70	49
	2023年					100	70
	2024年						100
	合計	100	170	219	253	277	294

　続いて各年の売上・費用・利益を計算します。売上（セル D21）は、購読者数×年間購読料1,000円で計算し、千円単位にするため「1000」で割ります。

図表 5-38 売上（セル D21）＝購読者数×年間購読料

	新規獲得数／年	人	100				
	継続利用率	%	70%				
	年間購読料	円	1,000				
	1人あたり獲得コスト	円	2,000				
	原価率	%	5%				

購読者数の推移

		2019年	2020年	2021年	2022年	2023年	2024年
新規獲得した年	2019年	100	70	49	34	24	17
	2020年		100	70	49	34	24
	2021年			100	70	49	34
	2022年				100	70	49
	2023年					100	70
	2024年						100
	合計	100	170	219	253	277	294

収益計画

		2019年	2020年	2021年	2022年	2023年	2024年
売上	=D17*$F$4/1000						
原価							
広告費							
利益							

さらに、**図表5-39**の原価＝売上×原価率5％と、**図表5-40**の広告費＝新規獲得数100人×1人あたり獲得費用2,000円の計算をします。広告費は千円単位にするために最後に「1000」で割ります。

図表5-39　原価（セルD22）＝売上×原価率5％

	A	B	C	D	E	F	G	H	I
1									
2		新規獲得数／年		人		100			
3		継続利用率		％		70％			
4		年間購読料		円		1,000			
5		1人あたり獲得コスト		円		2,000			
6		原価率		％		5％			
7									
8		購読者数の推移							
9						購読者数			
10				2019年	2020年	2021年	2022年	2023年	2024年
11	新	2019年		100	70	49	34	24	17
12	規	2020年			100	70	49	34	24
13	獲	2021年				100	70	49	34
14	得	2022年					100	70	49
15	し	2023年						100	70
16	た年	2024年							100
17		合計		100	170	219	253	277	294
18									
19		収益計画							
20				2019年	2020年	2021年	2022年	2023年	2024年
21		売上		100	170	219	253	277	294
22		原価		=D21*$F$6					
23		広告費							
24		利益							

図表5-40　広告費（セルD23）＝新規獲得数×1人あたり獲得コスト

	A	B	C	D	E	F	G	H	I
1									
2		新規獲得数／年		人		100			
3		継続利用率		％		70％			
4		年間購読料		円		1,000			
5		1人あたり獲得コスト		円		2,000			
6		原価率		％		5％			
7									
8		購読者数の推移							
9						購読者数			
10				2019年	2020年	2021年	2022年	2023年	2024年
11	新	2019年		100	70	49	34	24	17
12	規	2020年			100	70	49	34	24
13	獲	2021年				100	70	49	34
14	得	2022年					100	70	49
15	し	2023年						100	70
16	た年	2024年							100
17		合計		100	170	219	253	277	294
18									
19		収益計画							
20				2019年	2020年	2021年	2022年	2023年	2024年
21		売上		100	170	219	253	277	294
22		原価		5	9	11	13	14	15
23		広告費		=$F$2*$F$5/1000					
24		利益							

最後に利益＝売上－原価－広告費を計算して完了です。

図表 5-41　これで収益計画は完成！

	A	B	C	D	E	F	G	H	I
1									
2		新規獲得数／年			人	100			
3		継続利用率			%	70%			
4		年間購読料			円	1,000			
5		1人あたり獲得コスト			円	2,000			
6		原価率			%	5%			
7									
8		購読者数の推移							
9						購読者数			
10				2019年	2020年	2021年	2022年	2023年	2024年
11	新規獲得した年	2019年		100	70	49	34	24	17
12		2020年			100	70	49	34	24
13		2021年				100	70	49	34
14		2022年					100	70	49
15		2023年						100	70
16		2024年							100
17		合計		100	170	219	253	277	294
18									
19		収益計画							
20				2019年	2020年	2021年	2022年	2023年	2024年
21		売上		100	170	219	253	277	294
22		原価		5	9	11	13	14	15
23		広告費		200	200	200	200	200	200
24		利益		△105	△39	8	41	63	79

これで、**先ほどのマーケティング戦略（LTVモデル）を収益計画に反映しました。**

最後に、この売上と利益をグラフにしてみましょう。上の**図表 5-41** の売上（21行目）と利益（24行目）の行を選んで縦棒グラフを作ったのが次の**図表 5-42** です。

図表 5-42 売上、利益をグラフにする

　このグラフを見ると、2019年と2020年は赤字ですが、2021年以降は黒字になる計画だということがわかりますね。

　実際にスタートアップ企業の事業計画は、このように最初の数年間は赤字、その後黒字に転換するという計画が一般的です。その赤字となる期間の必要経費をまかなうためにベンチャーキャピタルなどから資金調達を行うわけですが、その調達を行う際に先ほどのLTVモデルが役立ちます。つまり、「**現在行っているマーケティングは、収益計画のとおり短期的には赤字になるが、LTVモデルを見れば長期的には利益を生むことがわかる。だからいま資金調達をしてマーケティングをする必要があるのです**」というストーリーを説明するわけです。

LTVモデルと収益モデルで「頭打ち」タイミングを予測する

　本章では、「1顧客あたり獲得コスト」と「獲得数」を調整することでマーケティング利益を最大化するという話をしましたが、もう1つ重要なバリュードライバーが「顧客の継続利用率」です。

　広告宣伝などマーケティングを積極化してビジネスを拡大していると、売上がなかなか伸びなくなることがあります。毎年同じ金額をマーケティングに費やしているのに、なぜ売上が頭打ちになるのか、これには顧客の継続利用率の影響があります。

　先ほど使ったモデルの購読者数を見てみます。図表5-43は継続利用率70％の場合の購読者数を示していますが、この継続利用率を90％あるいは50％にすると、購読者数は次の図表5-44のグラフのようになります。
　このグラフを見ると、継続率90％の場合はしっかりと購読者数が伸びています。一方、継続率70％の場合は2023年ごろから頭打ちになっています。継続率50％にいたっては2021年ごろから全く伸びていません。継続率が50％まで落ちてしまうと、いくら新規獲得をしても、既存の購読者数がどんどん抜けてしまうので、合計の購読者数は伸びないわけです。まさに「ザルで水をすくっている状態」です。

　「頭うちしない」長期的に成長を続けるために、まず考えなければいけないのは「高い継続率＝高いライフタイムバリュー」です。ライフタイムバリューが高ければその分マーケティング予算を投資しても十分な利益を得られ、長期的にも力強い成長を続けることができます。

図表 5-43　継続利用率70％の場合の購読者数（17行目）。
これを90％あるいは50％にすると…

	A	B	C	D	E	F	G	H	I
1									
2		新規獲得数／年		人		100			
3		継続利用率		％		70％			
4		年間購読料		円		1,000			
5		1人あたり獲得コスト		円		2,000			
6		原価率		％		5％			
7									
8		購読者数の推移							
9						購読者数			
10				2019年	2020年	2021年	2022年	2023年	2024年
11	新	2017年		100	70	49	34	24	17
12	規	2018年			100	70	49	34	24
13	獲	2019年				100	70	49	34
14	得	2020年					100	70	49
15	し	2021年						100	70
16	た年	2022年							100
17		合計		100	170	219	253	277	294

図表 5-44　継続利用率によって、購読者数の伸びがちがう！

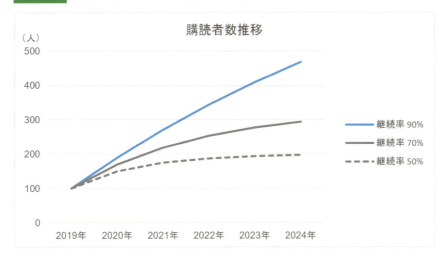

マーケティング収益シミュレーションモデルをつくる｜第5章　193

section 10 ライフタイムバリューを伸ばす取り組みは様々

　ライフタイムバリューが高いと、マーケティングを積極的に行うことができます。たとえば大手携帯キャリアが大々的にテレビCMを打てる理由は、1ユーザーが長期にわたって携帯電話料金を支払ってくれるため、ライフタイムバリューが非常に高いという点が挙げられます。このように「高い継続率＝高いライフタイムバリュー」というビジネスモデルもあります。

　一方、楽天は大手ECサイトであると同時に、楽天カードなど金融ビジネスも展開しています。これによって、楽天で買い物をする人が楽天カードに加入し、楽天銀行に加入し……と、気づけば1人のユーザーが生み出す売上がどんどん上がっていきます。これは「客単価アップ＝高いライフタイムバリュー」というモデルです。

　なお、筆者は普段エクセルを使った様々なセミナーを開催していますが、集客にはインターネット広告を積極的に活用しています。セミナー開始当初はなかなか広告の投資対効果が見合わなかったのですが、それはセミナーが1回だけで続編がなかったから。これでは1人の参加者から得られる収益には限りがあります。そこで続編セミナーを2本つくったところ、継続的にセミナーに参加してくれる方が増え、その結果1人あたりの売上（ライフタイムバリュー）を伸ばすことに成功し、インターネット広告も積極的に行うことができるようになりました。

あとがき

　本著のタイトルである「エクセルで学ぶビジネス・シミュレーション」という言葉は、2013年10月に初めて開催したセミナーのタイトルであり、今もなお看板講座のタイトルになっています。私の講座はエクセルテクニックを伝えることよりも「エクセルを使って、どのようにビジネスの数字と向き合っていくか」に重点を置いた講座を開催してきました。

　そして2015年2月に初の著書「外資系投資銀行のエクセル仕事術」出版以来、数多くの企業から研修の依頼をいただき、1万人以上のビジネスパーソンと接する機会がありました。ビジネスで数字と向き合うみなさんからいただいた質問、悩み、経験を元に執筆したのが本書となります。たくさんの知見を与えていただき、この場を借りて謝意を述べさせていただきます。

　また、本書の執筆に多大なサポートをいただきましたダイヤモンド社の木山政行さん、エクセルのスペシャリストとして貴重なアドバイスを頂きました岡田泰子さんにも御礼申し上げます。「外資系投資銀行のエクセル仕事術」と同じチームで、大変心強かったです。このチーム体制でなければ、今回のビジネス・シミュレーション×エクセルという難易度の高いテーマの書籍化は難しかったでしょう。

　出版の効果もあり、最近はセミナーにも毎回たくさんのビジネスパーソン

初回セミナー（左図。5年前）と、最近のセミナー（右図）。おかげさまで参加者も増えました。

に参加していただき、企業研修も満員キャンセル待ちになることも多く、うれしく思います。この書籍を読んだ皆様とお会いできることを楽しみにしております！

2019年2月　熊野　整

［著者］

熊野 整（くまの・ひとし）

ボストン大学卒業後、モルガン・スタンレー証券投資銀行本部に入社し、大型M&Aや資金調達プロジェクトをリード。退社後はグロービス経営大学院にてMBA取得後、エムスリー株式会社に入社し、事業計画の立案から戦略遂行まで行う。現在は、スマートニュース株式会社財務企画担当として、収益計画策定や資金調達などファイナンス業務全般を担当。「グローバル投資銀行のエクセルスキルを分かりやすく伝えたい」というモットーの下、2013年10月から週末に個人向けエクセルセミナーを開催したところ大人気セミナーとなり、現在までに1万人以上が受講している。現在は、個人向けセミナー、企業研修に加えて、オンライン講座や企業向けコンサルティングも展開するなど、多くのビジネスパーソンの収益計画の作成アドバイスを行っている。著書に『外資系投資銀行のエクセル仕事術』（ダイヤモンド社）、『外資系投資銀行の資料作成ルール66』（プレジデント社）などがある。

「それ、いくら儲かるの？」外資系投資銀行で最初に教わる万能スキル
エクセルで学ぶビジネス・シミュレーション超基本
——1万人以上のビジネスエリートがこっそり学んだ人気講座

2019年2月27日　第1刷発行
2019年3月20日　第2刷発行

著　者―――熊野　整
発行所―――ダイヤモンド社
　　　　　　〒150-8409　東京都渋谷区神宮前6-12-17
　　　　　　http://www.diamond.co.jp/
　　　　　　電話／03・5778・7232（編集）03・5778・7240（販売）
装丁―――――デザインワークショップジン
本文デザイン―岸　和泉
ＤＴＰ――――中西成嘉
編集協力―――岡田泰子
製作進行―――ダイヤモンド・グラフィック社
印刷―――――勇進印刷（本文）・加藤文明社（カバー）
製本―――――ブックアート
編集担当―――木山政行

©2019 Hitoshi Kumano
ISBN 978-4-478-10489-7
落丁・乱丁本はお手数ですが小社営業局宛にお送りください。送料小社負担にてお取替えいたします。但し、古書店で購入されたものについてはお取替えできません。
無断転載・複製を禁ず
Printed in Japan

◆ダイヤモンド社の本◆

外資系投資銀行の
エクセルの仕事の基本を満載！

「見やすく、ミスなく、速く」エクセルで数字力アップ！ 巨額マネーを動かす投資銀行のエクセルの基本スキルを大公開。外資系コンサルティング会社、大手IT企業なども注目する3000人が受講した大人気セミナー「投資銀行が教える！エクセルで学ぶビジネス・シミュレーション講座」シリーズのエッセンスを収録

外資系投資銀行のエクセル仕事術

熊野 整［著］

●A5判並製●定価（本体1700円＋税）

http://www.diamond.co.jp/